(Conserver la couverture)

EXTRAIT DE « L'ENSEIGNEMENT MANUEL »

Par RÉNÉ LEBLANC

Inspecteur général de l'Instruction publique pour l'Enseignement manuel et expérimental.

Exercices manuels

DANS

LES ÉCOLES DU DEGRÉ PRIMAIRE

Commentaire illustré des Programmes officiels.

164 GRAVURES

PARIS — LIBRAIRIE LAROUSSE.

Prix : 45 centimes

ENSEIGNEMENT MANUEL

AU DEGRÉ PRIMAIRE

Commentaire

DES

PROGRAMMES OFFICIELS

Indication des exercices à faire dans les écoles élémentaires, supérieures ou normales, ou bien dans les cours d'adultes, veillées instructives, etc.

Chacune des figures illustrant ce commentaire est la reproduction fidèle d'une photographie ou d'un croquis exact pris sur nature.

L'ensemble des exercices qui vont être décrits représente assez exactement les résultats obtenus dans la majorité des écoles du département de la Seine, en application du programme parisien [1]. L'outillage et les matières premières nécessaires à la réalisation de ces exercices se trouvent chez tous les papetiers ou quincailliers ; quelques articles, cependant, la tôle et le fil de fer demi-rond, par exemple, ne sont tenus que par des maisons spéciales, dont l'adresse est donnée plus loin avec la description des exercices correspondants.

---

[1]. L'esprit et la raison d'être de ce programme ont été exposés au chapitre II (voir pages 20 et suivantes). L'application détaillée en a été donnée dans les ouvrages publiés par M. Jully, inspecteur du travail manuel dans les écoles de Paris, avec la collaboration, pour les travaux sans atelier, de M. Rocheron, inspecteur adjoint (3 volumes à la librairie Belin).

COURS ÉLÉMENTAIRE

La méthode employée au cours élémentaire est analogue à celle des écoles maternelles; elle en est la suite et le complément. Les exercices de l'école maternelle (pliage, découpage, exercices fræbeliens, combinaisons de lattes, anneaux, polygones coloriés formant des ornements géométriques, etc.) ont surtout pour but d'intéresser et d'amuser l'enfant, tout en commençant l'éducation de ses sens, de l'œil et de la main en particulier. Ces exercices sont parfois suivis d'un dessin, mais il n'entre dans l'exécution de ce dernier aucune notion de mesure. A l'école primaire, l'enfant réalise aussi, par le pliage, des formes géométriques régulières qu'il doit dessiner ensuite, mais en les analysant d'une façon plus précise. Il apprendra d'abord le nom des différentes lignes ou surfaces réalisées; il trouvera la valeur des angles, cherchera le rapport des dimensions, enfin arrivera à mesurer et à coter ces dimensions. L'expérience prouve que, dès la fin de la première année du cours élémentaire, un élève est capable d'exécuter le croquis coté *d'un pliage simple, et de transformer ce croquis coté en un dessin exact à une échelle simple.*

I. Cahier de travail manuel.

Le cahier journalier peut donner place aux exercices manuels; toutefois, au début surtout, il est préférable d'avoir un cahier spécial.

Tout exercice de travail manuel doit être accompagné d'un dessin. Au début, les dessins faits d'après le pliage seront en vraie grandeur et tracés à main levée; l'élève ne prendra aucune mesure, son œil seul appréciera les dimensions. Quand il aura acquis une certaine habileté, il fera, d'après son pliage, deux dessins : 1° un croquis coté à main levée; 2° un dessin en vraie grandeur ou à une échelle simple, d'après ce croquis. Le croquis représente l'objet réduit; il doit être suffisamment complet et les cotes assez nombreuses pour que le dessin soit possible sans le secours de l'objet. Ce travail force l'élève à observer attentivement son modèle, et l'habitue à mesurer; en outre, le souci de mettre les cotes nécessaires l'oblige à réfléchir et à être ordonné. Enfin, le dessin à l'échelle complète le croquis coté et le corrige en faisant voir à l'élève le rapport exact entre les lignes, c'est-à-dire les proportions vraies qu'aurait dû avoir le croquis; le dessin à l'échelle a un autre avantage : c'est un excellent exercice géométrique.

Enfin, le croquis et le dessin sont accompagnés de notes résumant les explications données par le maître sur le pliage, ou contenant les observations de l'élève sur les propriétés géométriques, sur les couleurs de l'exercice réalisé, etc.

Les pages 80 et 81 montrent la disposition du cahier de l'élève. Le pliage est toujours collé à gauche (*verso*), et le dessin exécuté à droite (*recto*) : cette disposition laisse une page parfaitement lisse pour dessiner, ce qui n'aurait pas lieu dans le cas inverse.

Les exercices de pliage doivent toujours être choisis parmi ceux dont la forme est géométrique; de plus, ils doivent servir à la constatation d'une ou de plusieurs vérités mathématiques [1].

---

[1]. Voir page 20, Choix des exercices.

Parmi ces vérités, on a choisi les plus importantes, celles qui sont pour ainsi dire fondamentales, de façon que les exercices manuels en soient une application et les vérifient. L'ensemble de ces exercices est incomplet comme système métrique et géométrie, mais les leçons proprement dites sur ces matières se font ailleurs et méthodiquement. Le travail manuel ne remplace pas ces enseignements, il leur vient en aide.

II. Pliages préliminaires.

Lignes et angles. — Apprendre à faire un pli régulier. La trace du pli est une *droite;* un autre pli en travers du premier détermine une seconde droite, qui fait avec la première quatre *angles;* si on a soin, en exécutant ce second pli, d'amener l'extrémité du premier sur lui-même en un point quelconque, la ligne obtenue tombe droit, ne penche pas plus d'un côté que de l'autre sur la première; elle lui est *perpendiculaire*, mais la première est aussi perpendiculaire à la seconde : les deux lignes sont *perpendiculaires entre elles*. Les angles formés par la rencontre de ces lignes sont égaux, ce sont des *angles droits*. Si les plis ne sont pas perpendiculaires, les angles ne sont plus égaux, ce ne sont plus des angles droits; il y a deux *angles aigus* (4 et 2, *fig.* 1); et deux *angles obtus* (1 et 3); chacun de ces angles n'est pas égal à celui qui lui est voisin, mais à celui qui lui est *opposé:* angle 4 = angle 2; angle 1 = angle 3. Vérifier par superposition.

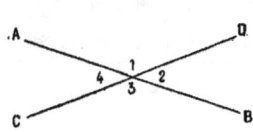

1. Deux lignes qui se coupent forment 4 angles.

2. Parallèles et perpendiculaires.

3. Le rectangle.

Le rectangle. — Faire deux plis perpendiculaires AB et FG dans une feuille de papier (*fig.* 2), puis deux autres plis CD et HJ perpendiculaires aux premiers et perpendiculaires entre eux; l'espace compris entre les quatre lignes ou limité par des droites faisant quatre angles droits est un *rectangle*. Découper cette figure et définir le mot.

En divisant le rectangle en deux parties égales parallèlement au grand côté puis au petit côté, on obtient les deux *médianes* (*fig.* 3); elles sont perpendiculaires et se rencontrent au *centre* du rectangle; elles divisent le rectangle en *deux*, puis en quatre parties égales. Explication des mots *moitié*, *quart*.

Angle droit. — Carré. — Plier un rectangle comme l'indique la figure 4, c'est-à-dire amener B en F; faire un pli net en EF et l'accentuer fortement en appuyant l'ongle sur toute la longueur, déplier et déchirer en tirant doucement vers A et B; la figure ob-

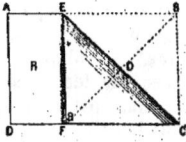

4. Le carré.

tenue a quatre côtés égaux et quatre angles droits (vérifier). C'est un *carré*. En amenant un côté sur le côté opposé, on obtient les *médianes* (égales, perpendiculaires et se rencontrant au centre du carré) et, en amenant un coin sur le coin opposé, on obtient les *diagonales* (égales, perpendiculaires et se coupant au centre). Les médianes et les diagonales déterminent, autour du centre, huit angles égaux, qui sont des demi-angles droits. En amenant l'extrémité d'une médiane sur une diagonale et en faisant passer le pli par le centre

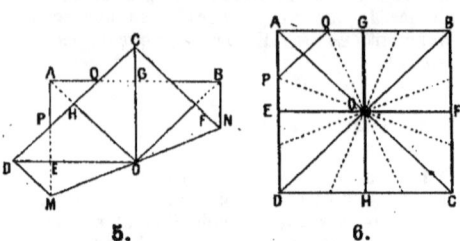

5. Octogone et angles au centre. 6.

(voir *fig.* 5), on divise chacun de ces demi-angles droits en deux angles égaux; les lignes ainsi obtenues sont des *bissectrices* (expliquer ce mot); il y a ainsi seize angles égaux autour du même point (le centre), mais leur somme vaut toujours quatre angles droits. Si on a soin de plier les médianes et les diagonales (lignes pleines de la figure 6) du même côté de la feuille, et les bissectrices (lignes pointillées de la figure 6)

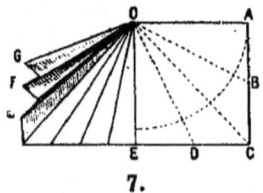
7. Le filtre.

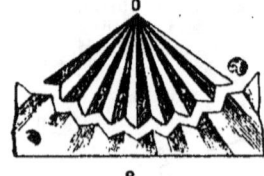
8.

de l'autre côté, les plis alternent et l'objet réalisé est un filtre qui peut aussi s'obtenir plus rapidement par le procédé indiqué figures 7 et 8.

En joignant deux à deux les extrémités des lignes voisines, PQ par exemple (*fig.* 6), on obtiendrait un *octogone régulier inscrit* dans le carré.

III. Pliages dérivés du carré.

Les médianes et les diagonales serviront de directrices pour une foule de pliages dérivés du carré. En amenant l'extrémité de chaque diagonale au centre du carré, on obtient des plis parallèles aux diagonales, et en amenant l'extrémité de chaque médiane au centre, on obtient des plis parallèles aux côtés. Les pliages ainsi réalisés sont très nombreux et faciles à dessiner, parce que les rapports de leurs dimensions sont toujours simples (1/2, 1/4, 1/8), et aussi parce que la succession des plis obtenus indique nettement quelles sont les lignes principales et les lignes secondaires du modèle. On peut ainsi constater que la marche suivie dans l'exécution d'un pliage est celle qu'il est rationnel de suivre dans le tracé du dessin.

Carré double ou moitié d'un carré donné. — Amener les extrémités des diagonales d'un carré au centre; les plis obtenus déterminent un carré dont la surface est *moitié de celle du premier* (*fig.* 9). Si pour ce deuxième carré QMNP on réalise le même pliage, le troisième carré A'B'C'D' vaut la moi-

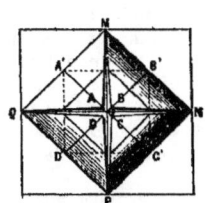

9. La moitié ou le double d'un carré.

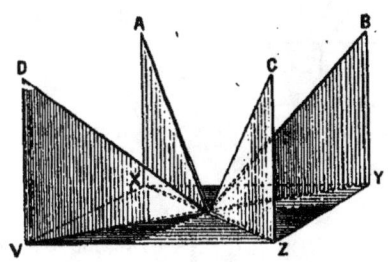

10. La table carrée.

tié du second, et, par conséquent, le quart du premier.

Après avoir obtenu ce dernier carré A'B'C'D'; déplier complètement la feuille, la retourner et amener les extrémités des médianes au centre. On obtient ainsi le pliage (*fig.* 10) repré-

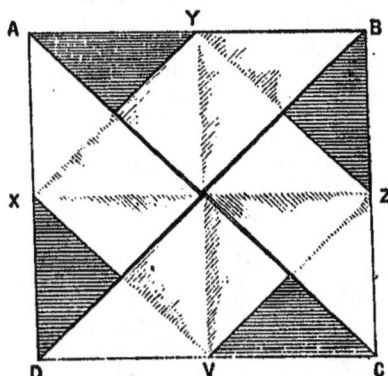

11. Moulin, ou cocotte.

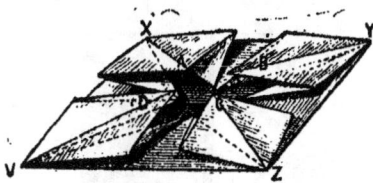

12. Pliage en rosace.

sentant une table renversée, et dans lequel les points A, B, C, D représentent les angles du carré primitif.

Si on rabat ces sommets, tous dans le même sens, on obtient un pliage représentant assez bien les ailes d'un moulin (*fig.* 11). Une modification de ce pliage donne la cocotte inscrite dans un carré : on l'obtient, dans la figure 11 en retranchant quatre des triangles isocèles, du côté de XAY.

Si, au lieu de coucher chacun des triangles dont les sommets sont A, B, C, D, on ouvre ces triangles en appuyant sur VD, par exemple, et en amenant le point D au centre du carré, on réalisera le pliage figure 12.

Ce pliage servira à la confection des rosaces à quatre pointes (*fig.* 12 et suiv.).

IV. Rosaces dérivées du carré.

Méthode générale. — La confection de ces rosaces, ainsi que de celles dérivées d'autres polygones réguliers (voir plus loin, page 74, pliage des rosaces dérivées du triangle équilatéral et de l'hexagone), repose sur deux manipulations principales : 1° obtenir les médianes et les diagonales; 2° amener au centre du polygone les extrémités des médianes, séparément d'abord, puis simultanément; de même pour les diagonales; ou encore amener au centre en même temps toutes les extrémités des médianes et des diagonales.

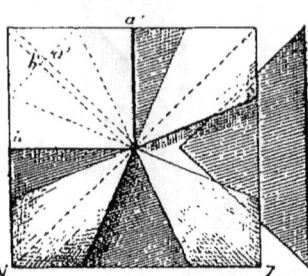

13. Fonds complémentaires.

Dans la figure 12, cette dernière manipulation a été réalisée et on a ainsi obtenu un carré de côté VZ (*fig.* 12), sur lequel se trouvent quatre petits carrés en saillie. En pliant d'une façon analogue chacun des côtés de ces petits carrés, on obtiendra une rosace d'un très bel effet, surtout si on a soin d'intercaler entre deux pointes consécutives un triangle de couleur complémentaire qui fasse ressortir la couleur de la rosace elle-même, ou mieux un carré de surface double de VXYZ et plié, comme l'indique la figure 9, de façon que les pointes A, B, C, D se joignent au centre de la rosace, en dessous des pointes en relief (*fig.* 13).

L'examen des figures 13, 14 et 15, suffit à montrer que pour obtenir la rosace figure 14, il faut ramener en dessous les points a et b sur la diagonale,

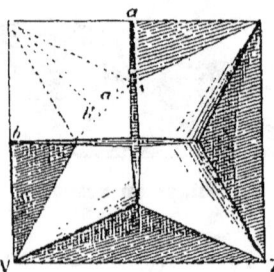 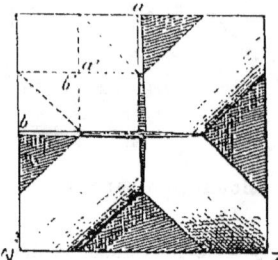

14.   15.
Rosaces dérivées du carré.

de façon à diviser l'angle au sommet du carré en quatre angles égaux; dans la figure 13, c'est l'angle au centre qui est divisé en quatre angles égaux; enfin, dans la figure 15, les points a et b sont amenés sur la diagonale, mais en formant deux plis qui lui sont parallèles.

Les exercices dérivés du carré sont nombreux; les exemples que nous avons choisis suffisent à montrer la marche à suivre dans l'exécution.

V. Exercices divers.
(Étude de formes géométriques.)

Figures à deux dimensions. — Après le carré viennent quelques exercices qui permettent de réaliser les autres surfaces; les propriétés du triangle rectangle seront étudiées à la suite du pliage du chapeau de gendarme (*fig.* 16), celles du trapèze à la suite du bateau (*fig.* 17). Dans ces exercices, les angles

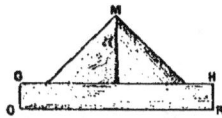

16. Triangle
rectangle et isocèle.

17. Trapèze isocèle.
(*Bateau.*)

sont connus : 90°, 45°, ou 90 + 45 = 135°; et les dimensions sont toutes dans un rapport simple : la hauteur du triangle (*fig.* 16) vaut la moitié de la base; la grande base, la petite base et la hauteur du trapèze (*fig.* 17) sont dans les rapports 1, 1/2 et 1/4, ou de 4, 2 et 1.

VI. Idée des trois dimensions [1].

Parallélipipède. — Cube. — Décimètre cube. — Le pliage permet de donner une idée des volumes par la réalisation des solides les plus simples, le parallélipipède droit et le cube.

Parallélipipède droit (*Boîte de pâtissier*). — Plier un rectangle en huit parties égales et disposer les plis comme l'indique la figure 18; puis amener C en C', G en G', selon VZ et XY; même pliage pour les points A et E, D et B, H et F. On obtient ainsi la figure 19; ouvrir selon MN et accentuer les plis de chaque angle; le

18. 19.
Plis parallèles et à 45°.

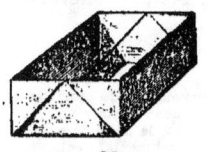

20.
Boîte de pâtissier.

solide réalisé (*fig.* 20), appelé boîte de pâtissier, est un parallélipipède droit à base rectangle.

Cube. — Avec une feuille de papier de 20 cm × 40 cm, pliée comme précédemment, on obtiendrait un demi-décimètre cube. Si on en consolide les côtés en y introduisant un carré de carton de 1 décimètre de côté, les enfants auront une idée exacte du décimètre cube.

---

1. Voir Programme officiel, page 155

En employant une feuille rectangulaire dont les dimensions sont dans le raport de 5 à 3, et en modifiant dans la seconde partie (le procédé reste le même pour la première) le pliage précédent, on obtient un cube parfait, ouvert sur une face. Les dimensions étant $0^m,25$ et $0^m,15$, on obtient un volume égal à 1/8 de décimètre cube. Les dimensions 50×30, doubles des précédentes, donnent le décimètre cube exactement. Le grand cube peut renfermer exactement 8 petits cubes. Conclusion à tirer plus tard [1] : le rapport entre deux volumes semblables est celui du cube des dimensions homologues.

VII. Angle de 60°. — Hexagone.

Division de 180° (2 angles droits) en 3 angles égaux.

Prendre une feuille rectangulaire. Plier selon la petite médiane dont on marquera le milieu O (*fig. 21*). Rabattre BO vers B'O autour du point O, de telle sorte que l'angle replié soit égal à l'angle restant AOB'. Ce pliage ne peut se faire qu'en tâtonnant (Voir page 82 le pliage d'un angle de 60° sans tâtonnement), mais cette comparaison de deux ouvertures angulaires est précieuse pour l'éducation de l'œil. Vérifier en pliant suivant OB'; la ligne OA doit coïncider avec OD. La somme des deux angles droits, 180°, étant ainsi divisée en trois angles égaux, chacun d'eux vaut $\frac{180}{3} = 60°$. Mesurer deux longueurs égales à partir de O, OM = ON. Joindre MN et couper suivant cette ligne. La figure obtenue est un triangle dont tous les côtés et tous les angles sont égaux (le vérifier) c'est un *triangle équilatéral*.

En dépliant on obtient successivement un *losange*, un *trapèze isocèle*, et enfin un *hexagone*.

En amenant successivement au centre trois sommets non voisins A, D, E, par exemple (*fig. 22*), on a un triangle équilatéral inscrit, dont la surface vaut la moitié de celle de l'hexagone.

21. L'angle de 60°.

En amenant successivement tous les sommets au centre, les plis déterminent une étoile à six pointes (*fig. 22*).

---

[1]. Tous les exercices de pliage indiqués ici ne conviennent pas seulement aux classes du cours élémentaire. Dans le cours moyen (v. page 73) et même supérieur, les élèves pourraient en tirer un réel profit : ils évalueraient exactement la surface ou le volume des pliages réalisés. Ainsi, la boîte de pâtissier peut être l'occasion d'une leçon de système métrique expérimentale et de calcul mental appliqué. Chaque élève ayant trouvé la capacité de sa boîte (par exemple : $4 \times 8 \times 12 = 96 \times 4$ ou $(100 - 4) \times 4 = 400 - 16 = 384$), on remplirait d'eau l'une d'elles après l'avoir placée et tarée sur la balance; on constaterait alors qu'il faut 384 grammes pour faire équilibre.

Cette méthode d'enseignement intéresse vivement les élèves, et les notions ainsi acquises ne s'oublient plus. (Voir, plus loin, figures 51 et 52.)

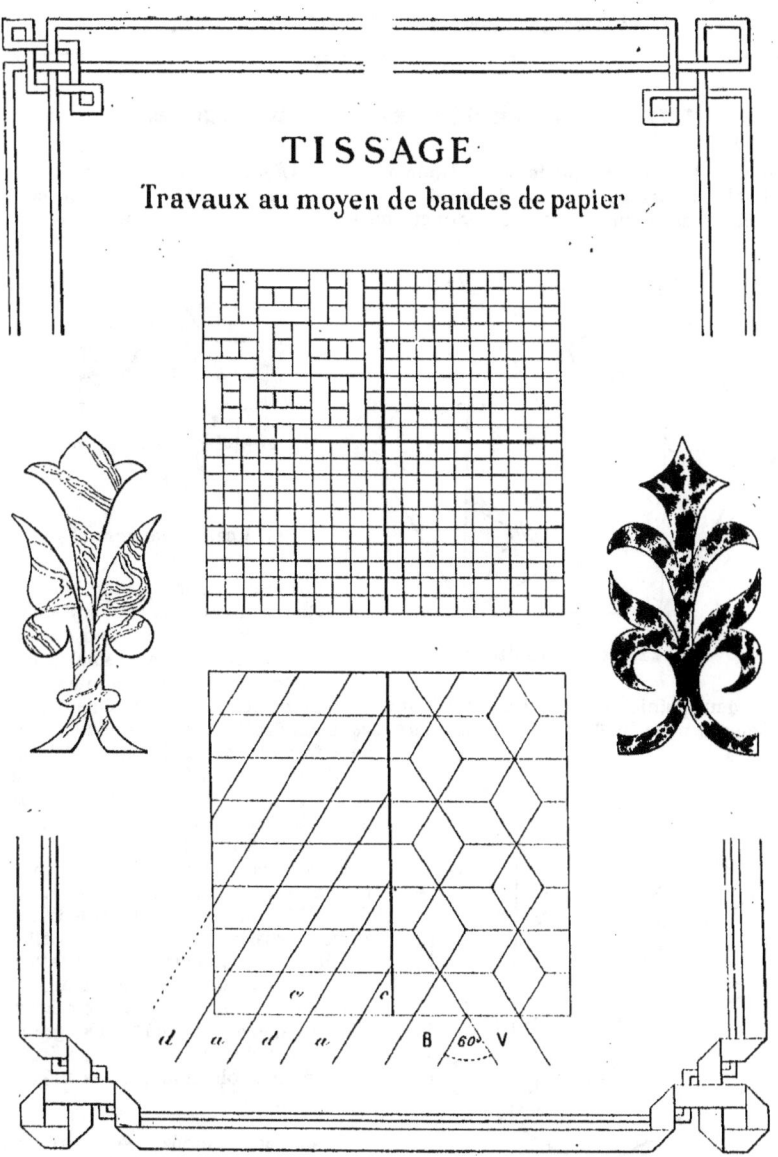

Planche I. *Écoles élémentaires* (v. pages 75 et 78).

VIII. Rosaces dérivées de l'hexagone.

Lorsque tous les sommets sont réunis au centre (*fig.* 23), il reste sur chaque diagonale un triangle rectangle dont le sommet est relevé; en ouvrant ce triangle et en appuyant sur le sommet, on réalise une petite coque ayant la

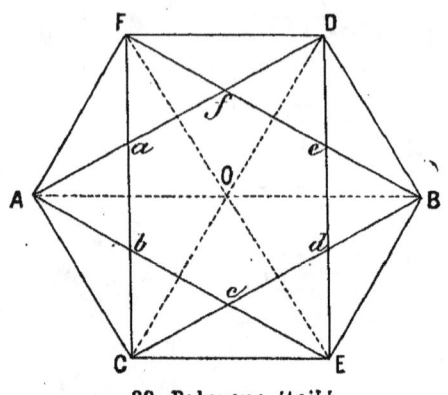

22. Polygone étoilé.

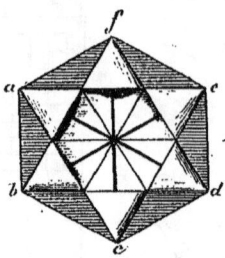

23. Rosace hexagonale.

forme d'un triangle équilatéral. Quand les six coques sont ainsi rabattues, on obtient une rosace à six pointes d'un très bel effet, surtout si on a eu soin d'intercaler entre deux pointes consécutives un triangle de papier de couleur complémentaire. Comme pour la figure 13, l'ensemble des triangles à fond complémentaire peut former une seule pièce : l'étoile à six pointes découpée dans la figure 22; ou bien deux pièces : les deux triangles équilatéraux (côté = AD) de la même figure.

En amenant l'extrémité de chaque médiane au centre, on obtient l'étoile figure 24; celle-ci, par des modifications successives et analogues à celles réalisées pour le carré (voir page 70), ou pour la figure précédente, se transforme en une rosace à six branches (planche II, page 76). La figure 2 de la planche III montre une étoile pentagonale obtenue par les mêmes procédés.

Exercices variés. — Outre les exercices qui viennent d'être indiqués, on en réalise un grand nombre d'autres qui sont décrits dans les ouvrages spéciaux. Il faut savoir se

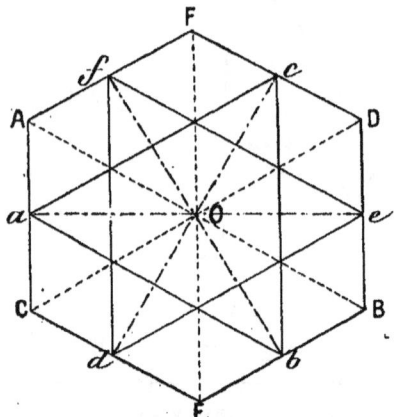

24. Autre construction de rosace hexagonale.

COURS ÉLÉMENTAIRE.

borner. Les plus intéressants sont représentés dans les planches en couleurs (pages 73, 76, 77 et 80); nous recommanderons seulement de faire preuve de bon goût dans le choix des nuances du papier : pas de couleurs criardes; les tons rabattus sont d'un bien meilleur effet.

IX. Tissage.

Les exercices de tissage se font en papier, avec chaîne et trame préparées d'avance [1]; ils ont pour but essentiel de faire réaliser à de jeunes enfants des *dessins réguliers* qu'on n'obtiendrait, par d'autres procédés à leur portée, qu'au détriment de la rectitude, de l'ordre, de la propreté, en un mot, du bon goût. Ils serviront en outre à guider les élèves sur le choix et l'association des couleurs; ils permettront encore d'expliquer ce qu'est une chaîne, une trame; mais on n'oubliera pas qu'il ne s'agit nullement de leçons techniques sur le tissage.

Les premiers exercices de tissage doivent être simples : damier, combinaison de rectangles ou de carrés et de rectangles (*fig.* 25 et 26).

Ces exercices doivent être répartis dans tout le cours à raison d'un ou

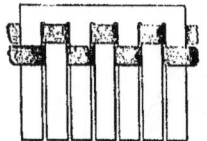
25. Chaîne et trame.

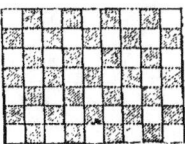
26. Damier.

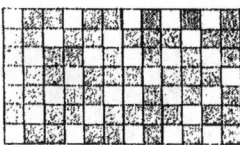
27. Variantes.

deux seulement par mois; ils viendront rompre la série des sujets de pliage et seront donnés plutôt comme récréation; cependant ils serviront aussi à l'instruction des élèves : les petits compteront les carrés, distingueront les nombres pairs des nombres impairs; les plus grands trouveront que le nombre des carrés du damier est égal au produit des carrés d'une rangée par le nombre de rangées, et que le résultat est le même, quel que soit le sens dans lequel on a compté.

On arrivera rapidement à des combinaisons plus compliquées et d'un assez joli effet. La figure 27 donne les éléments de deux de ces combinaisons; la figure 28 donne les éléments de quatre. Ces tissages sont réalisés en deux couleurs s'harmonisant bien; elles sont données par le maître ou choisies par l'élève. La chaîne et la trame sont

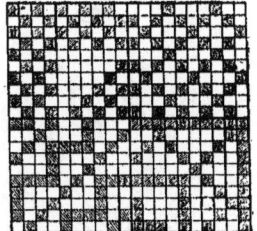
28. Quatre combinaisons dans la même figure.

---

[1]. On trouve ces chaînes et ces trames par paquets de 100, 150 ou 200, chez les principaux éditeurs de Paris.

ASSOCIATION

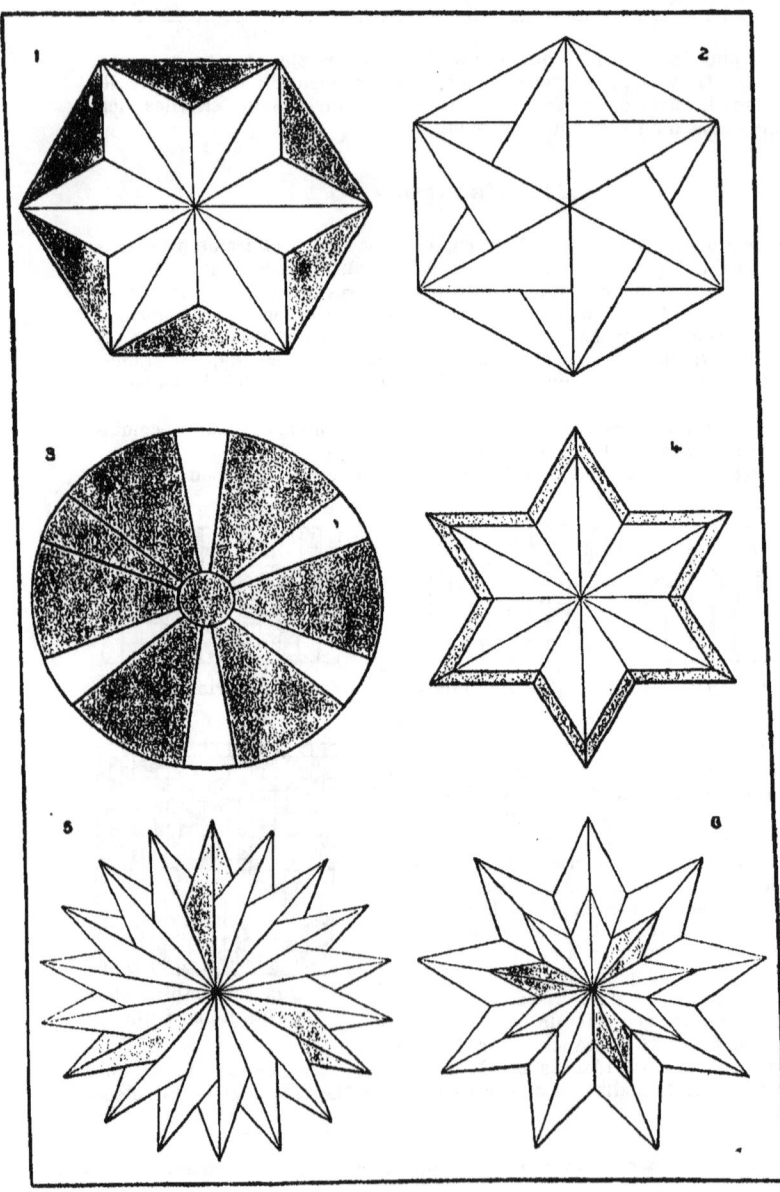

Planche II.   Travaux d'élèves.   *École Salicis.*
Spécimens.   (V. page 78.)

DES COULEURS

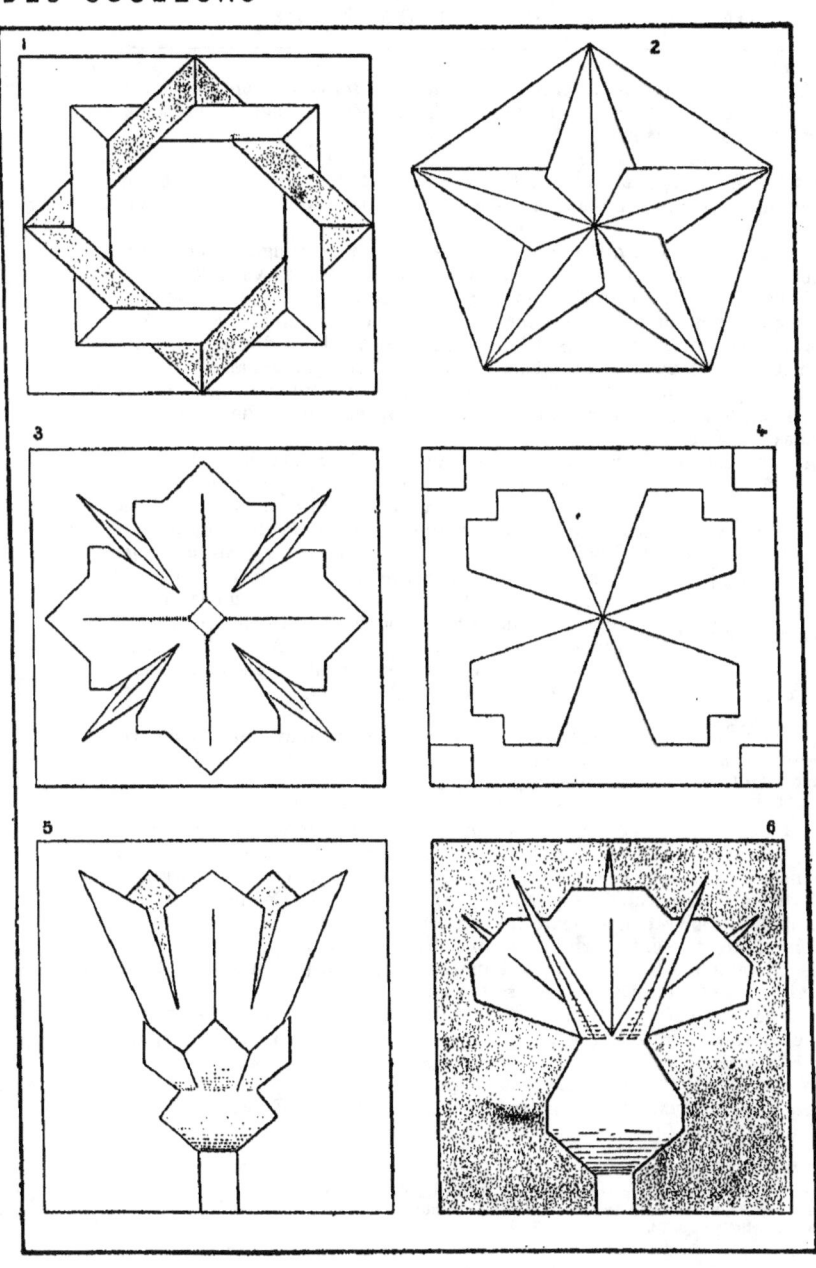

Planche III.   Travaux d'élèves   *École Salicis.*
Spécimens.   (V. page 83.)

simples. On obtient d'autres dessins en doublant la trame ou en l'inclinant sur les lanières de la chaîne à 45° ou 60°. La planche I, page 73, présente un choix de ces combinaisons.

Couleurs. — Le pliage et surtout le tissage permettent de développer le goût des enfants en les habituant à associer les couleurs d'une façon harmonieuse.

Les élèves apprendront à distinguer les couleurs simples (rouge, jaune, bleu) des couleurs composées (orangé, formé de rouge + jaune; vert, formé de jaune + bleu, et violet, formé de bleu + rouge). La figure 3 de la planche II (page 76) montre nettement ces couleurs; elle apprend également à reconnaître les couleurs complémentaires; ainsi le vert est complémentaire du rouge auquel il est diamétralement opposé, de même l'orangé est complémentaire du bleu, et le violet complémentaire du jaune. Deux couleurs complémentaires réunies plaisent à l'œil, le satisfont parce que, dans ce cas, les trois couleurs simples sont perçues à la fois.

Les couleurs composées résultant du mélange de deux couleurs simples, il s'ensuit que si ce mélange est inégal, la *nuance* de la composée change. Ainsi une feuille de lierre et une feuille d'acacia, ou bien une feuille de chou et une feuille de salade sont vertes toutes deux, mais la nuance du lierre ou du chou est plus voisine du bleu, et celle de l'acacia ou de la salade plus voisine du jaune. Le nombre des nuances est pour ainsi dire infini [1].

29.

Nœud à champagne.

(*Les deux bouts* A *et* B *se nouent par-dessus le bouchon.*)

Les exercices faits avec deux nuances, l'une claire et l'autre foncée d'une même couleur plaisent à l'œil; elles s'adoucissent mutuellement [2].

Tressage. — Enfin, le programme officiel de travail manuel comporte quelques exercices de travail de vannerie, tressage, etc.

Ces exercices sont peu susceptibles d'applications géométriques; en général, ils donnent de médiocres résultats, parce que la condition de bonne exécution est rarement remplie; aussi conseille-t-on avec raison de réduire, dans bien des cas, les travaux de tressage au minimum, et de supprimer ceux de vannerie. Ces derniers développent bien, il est vrai, une dextérité particulière de la main, mais les travaux des enfants ne sont acceptables, au point de vue du bon goût, que si l'homme du métier est intervenu; or l'apprentissage n'a pas sa place à l'école élémentaire. Voici à quoi on pourra se borner :

Travail de la ficelle. — Deux ou trois leçons en tout sur les principaux nœuds, et devoirs à faire à la maison. — *Idem* sur les principaux tressages et devoirs à la maison.

Nœuds. — Droit, coulant, à champagne (*fig.* 29), etc.

Tressage. — A deux, trois et quatre brins. Combinaisons. Entrelacs en papier de couleur [3].

---

1. Voir *Les Sciences physiques*, 1re partie, page 153, « Cercle de Chevreul ».
2. Voir, page 80, le spécimen du cahier de travail manuel.
3. Voir planche I, page 73.

COURS MOYEN

I. Découpage [1].

Pliage. — L'expérience prouve qu'il est profitable de refaire de temps à autre des exercices déjà étudiés. Cette revision fixe d'une façon plus durable les notions acquises et permet de compléter les observations antérieures. Aussi, au début du cours moyen, faudra-t-il exécuter quelques pliages permettant de résumer les observations géométriques faites à propos des surfaces (carré, rectangle, triangle, etc.), des volumes (cube et parallélipipède), et aussi de l'évaluation des angles (90°, 45°, 135°, puis 60°, 120° et 30°). La mesure des surfaces et des volumes vient ensuite.

Découpage. — La marche à suivre dans l'exécution d'un exercice de découpage ou de cartonnage diffère de celle qui a été employée dans le pliage. Là, on pliait le papier sans chercher à réaliser un objet de dimensions données ; puis on faisait un croquis coté et un dessin de ce pliage. Ici, au cours moyen, on donne d'abord le croquis coté, on détermine à l'avance les dimensions que devra avoir le découpage ; puis, sur le papier ou le carton, on fait un tracé rigoureux, d'après ces dimensions ; on découpe, on assemble et, pour terminer, on dessine en géométral, quelquefois en perspectif, l'objet exécuté. Cette méthode ressemble à celle qui sera employée à l'atelier scolaire ou à celle dont les ouvriers se servent dans l'industrie : un tracé rigoureux précède l'exécution.

Les exercices choisis permettent d'étudier d'une façon plus complète les différentes figures géométriques : triangles, parallélogrammes, polygones réguliers, cercle ; ils doivent servir également à l'acquisition de connaissances géométriques. La méthode employée est essentiellement concrète et analogue à celle dont on se sert en tachymétrie.

La vérité des principes, l'exactitude des formules, découlent non d'un raisonnement, d'une démonstration, mais de constatations faites par l'élève lui-même.

II. Exercices tachymétriques.

A titre de spécimens, voici divers exercices qui montreront comment se fait, par pliage ou découpage, la constatation — non pas la démonstration — de quelques vérités géométriques.

Triangle ; 6 éléments : 3 angles et 3 côtés. Pour construire le triangle, il faut connaître 3 éléments dont au moins 1 côté ; soit 2 angles et 1 côté, ou 1 angle et 2 côtés, etc.

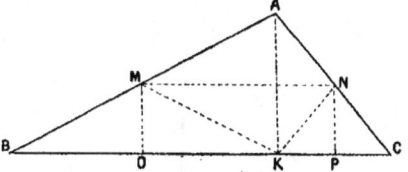

30. **La somme des angles d'un triangle vaut deux droits.**

---

1. Voir Programme officiel, p. 155.

Spécimens du cahier
(RÉDUCTION

Cours élémentaire, 2ᵉ classe.

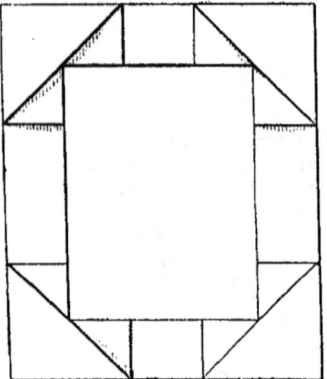

Le jaune et le violet font le total des trois couleurs simples : jaune + (rouge et bleu). Ce sont deux couleurs complémentaires, elles s'avivent l'une l'autre.

A. Michel, 8 ans.

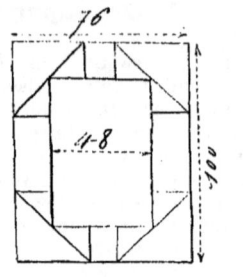

Correction du maître :
Il manque une cote pour la mise au net à l'échelle : c'est la longueur du rectangle intérieur.

Place réservée
pour un exercice libre.

Cours moyen, 1ʳᵉ classe.

Les différents tons d'une même couleur s'adoucissent les uns les autres.

C. Lanet, 11 ans 1/2.

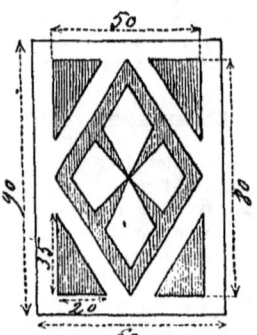

Correction du maître :
Il manque deux traits de force, voir celui portant la cote 20 ; le motif central n'est pas coté.

Cette figure représente un panneau décoratif appliqué en menuiserie dans l'ornementation de la partie inférieure de certaines portes.

de travail manuel.
DE MOITIÉ)

Date ....

Durée de l'exercice ....

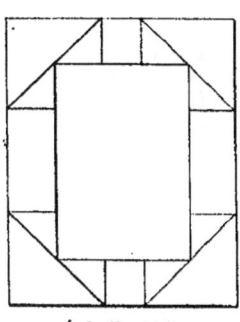

Échelle 3/4.

La figure représente deux rectangles; le plus grand, violet, a une longueur de 1 décimètre ou 100 millimètres et une largeur de 76 millimètres; le plus petit, jaune, a ses côtés parallèles à ceux du premier. Si l'on traçait les diagonales des deux rectangles, elles ne coïncideraient pas, sauf pour le cas où les rectangles se ressemblent.

Les triangles relevés aux quatre coins sont des moitiés de carrés; ils sont rectangles parce qu'ils ont un angle droit; ils sont isocèles parce qu'ils ont deux côtés égaux.

Note du maître ....

Date ....

Durée de l'exercice ....

Correction du maître :

Dans toute mise au net, indiquer l'échelle.

Surface du rectangle $90 \times 50 = 45$ cmq.

Le losange a une surface équivalente à la moitié de celle d'un rectangle de 80×50, soit 20 cmq.

Les quatre triangles rectangles ont chacun une surface de $\frac{35 \times 20}{2} = 3$ cmq $\frac{1}{2}$; ils ont été obtenus en coupant d'abord en deux, suivant la plus petite médiane, un rectangle de 70×20; puis, chaque petit rectangle (de 15×20) en deux, suivant une diagonale : la diagonale de droite à gauche pour l'un, de gauche à droite pour l'autre, si la teinte du carton n'est pas la même des deux côtés.

Le motif central est taillé dans un losange; il est formé de quatre quadrilatères symétriques, équivalents deux à deux et ayant chacun les côtés égaux deux à deux, mais seulement deux angles égaux.

Note du maître ....

82 COMMENTAIRE DES PROGRAMMES.

I. *Somme des angles d'un triangle.* — Un triangle quelconque, ABC, étant découpé (*fig.* 30), plier A sur B et A sur C ; on détermine ainsi les points M et N, milieux de AB et AC. Plier selon MN : le point A vient sur la base[1] ; plier selon PN en amenant C sur la base et selon MO en amenant B sur la base : les 3 sommets sont réunis au même point, et *la somme des 3 angles du triangle vaut 2 droits ;* de plus la figure OMNP est un *rectangle inscrit.* Sa surface est *la moitié de celle du triangle ;* elle ne peut être plus grande ; la ligne MN qui partage les côtés dans le même rapport 1/2 est *parallèle à la base ;* elle divise aussi la hauteur dans le *rapport* 1/2 ; le triangle ABC est partagé en quatre triangles isocèles.

Montrer les différentes sortes de triangles : rectangle équilatéral, isocèle, scalène.

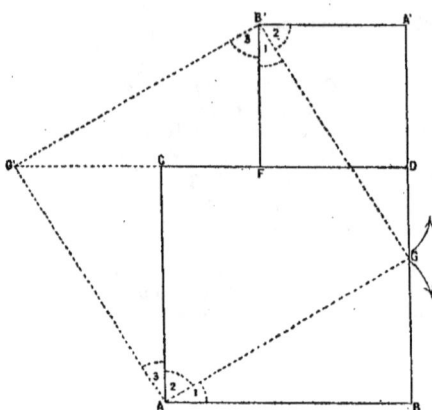

31. Carré de l'hypoténuse.

II. *Propriétés du triangle rectangle.* — Le fameux théorème du carré de l'hypoténuse lui-même peut être rendu accessible aux élèves du cours moyen par le découpage suivant (*fig.* 31) : ABG est le triangle rectangle donné ; ACDB et FB'A'D sont les carrés construits sur les deux côtés de l'angle droit. Découper selon AG et amener B en C et G en G' (l'angle 1 venant en 3 autour de A, on a encore un droit), découper de même selon GB' et amener A' en F et G en G' (on a encore un angle droit en B'). On obtient ainsi un carré dont le côté est l'hypoténuse même du triangle rectangle donné et dont la surface est équivalente à celle des deux carrés primitifs[2].

Voici encore un exercice très intéressant.

III. *Triangle équilatéral, angle de* 60°. — Soit la feuille rectangulaire ABCD (*fig.* 32). Plier OX (médiane) et YZ parallèles à AC, de telle sorte que CZ = ZO. Rabattre CO autour de O jusqu'à ce que le point C vienne sur YZ en K ; achever le pli PO ; la ligne OK fait 60° avec CD. Plier le rectangle selon OK ; on obtient OM. Rabattre OM autour de OX sur AB, le point M vient en N ; plier ON ; la figure obtenue OMN est le plus grand triangle équilatéral qu'on peut inscrire dans le rectangle donné.

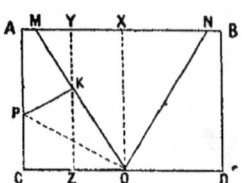

32. Le plus grand triangle équilatéral tiré d'un rectangle.

---

1. On peut aussi élever KA, en rabattant le point C quelque part sur BC de façon que le pli passe au sommet A ; rabattre ensuite A en K, ce qui donne MN.
2. Cette constatation est empruntée à la *Géométrie* d'Amiot ; on la trouve aussi dans le *Dictionnaire de Pédagogie* à l'article « Polygones ».

Vérifier l'égalité des angles, des côtés, des médianes.

IV. *Équerre*, etc. — Les angles de 90°, 45° et 60° sont fréquemment employés en dessin ; il serait bon de faire construire deux équerres en carton à chaque élève, l'une donna. les angles de 90° et de 45° (triangle rectangle isocèle), l'autre ceux de 90°, 60° et 30° (demi-triangle équilatéral).

Les exercices de découpage permettent de faire constater facilement les équivalences de surfaces ou les rapports simples de ces surfaces, pour des rectangles, parallélogrammes, triangles, etc. de bases ou hauteurs égales ou doubles.

III. Ornementation.

Les exercices précédents, purement géométriques, gagnent à être associés à de petites compositions ornementales dans lesquelles la figure élémentaire servira de point de départ.

Ainsi, après avoir étudié le rectangle, le carré ou le triangle, on pourra re-

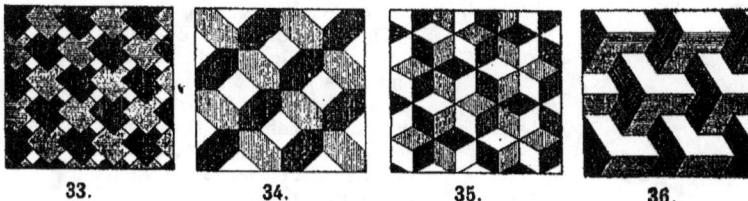

33.   34.   35.   36.
Exercices de carrelage.

présenter les drapeaux français, russe (croix de Saint-André), suisse, etc., les pavillons de marine avec leurs couleurs et leur signification respective, ou bien encore on fera composer des panneaux décoratifs, des bordures, des entrelacs (voir *planches* I, II et III), des mosaïques, des carrelages. Les figures 33 à 36 donnent l'idée des représentations possibles en découpage de papier de couleur, de sujets de carrelages, de mosaïques, etc.; la figure 37 et la figure 1 de la planche III indiquent des entrelacs ; et les autres figures de la planche III, des motifs d'ornement empruntés à la flore.

37. Entrelacs.

Tous ces exercices développent le goût des enfants et les habituent à composer eux-mêmes des motifs de décoration, dont le bon goût et la réussite surprennent souvent.

En dehors de ces compositions à éléments géométriques, on peut trouver d'autres ornements plus fantaisistes et non moins gracieux, tels que des découpages à un ou plusieurs axes.

M. Savineau, instituteur à l'école Salicis, à Paris, a fait réaliser à ses élèves des dessins décoratifs, empruntés à la flore, d'un très bel effet; les planches II et III en représentent des spécimens.

IV. Cartonnage à faible relief.

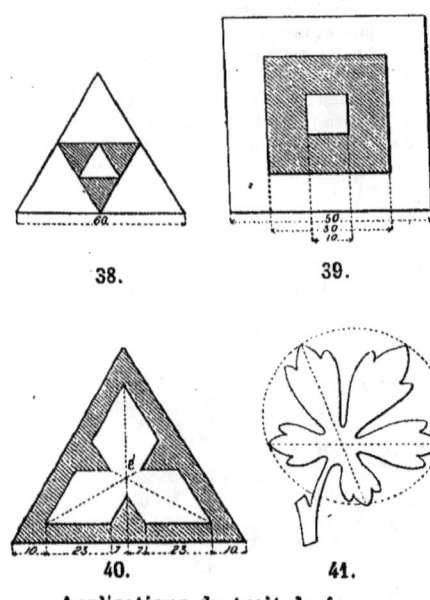

38. 39.

40. 41.

Applications du trait de force.

Cahier de travail manuel. — Rappelons que les exercices de découpage se placent, comme ceux de pliage, dans le cahier de l'élève. La disposition adoptée dans les écoles parisiennes est indiquée pages 80 et 81.

Les spécimens montrent que le découpage et le dessin doivent être accompagnés de notes et d'observations sur les figures réalisées ; ils indiquent en outre dans quel esprit ces observations doivent être faites.

Découpage de carton-carte. — Dans les exercices de cette nature, les figures découpées sont superposées plan sur plan. Elles offrent un faible relief, suffisant cependant, avec un éclairage convenable [1], pour montrer aux élèves l'application des traits de force. Les figures 38, 39, 40 donnent quelques spécimens de ce genre de travaux ; on pourra y ajouter des panneaux, des exercices décoratifs à éléments géométriques (grecques, lettres, etc.), des découpages symétriques à un ou deux axes, même des ornements tirés de la flore (*fig.* 41).

V. Solides géométriques.

Ces exercices doivent se borner à la confection des solides les plus simples : cube, prisme, pyramide, cylindre, cône, et à quelques objets qui sont l'application des mêmes constructions : boîtes, étuis, etc. Il faut éviter la réalisation de solides compliqués tels que dodécaèdre, icosaèdre, etc.

Le cube. — Donner le croquis coté ; tracer le développement (*fig.* 42). Découper exactement le contour extérieur et entailler à mi-carton, en dehors, suivant toutes les arêtes ; assembler deux faces voisines au moyen de petites attaches de papier gommé. En réunissant toutes les faces deux à deux, le cube

---

[1]. L'objet doit être placé de telle sorte que les rayons lumineux lui arrivent par le coin supérieur de gauche. Ce procédé fait très bien comprendre aux élèves la place des traits de force.

est fermé (*fig.* 43); il est préférable de laisser un côté ouvert (*fig.* 44) en ne collant pas la face 6; on peut ainsi mesurer la capacité d'un cube.

Le prisme. — Croquis coté; tracé du développement; laisser en dehors de chaque arête extérieure une petite bande de carton (amorce) destinée à l'assemblage de deux faces voisines (*fig.* 45). Le procédé par attaches (*fig.* 43) est employé quand le solide doit être recouvert d'un autre papier (confection de boîtes); le procédé par amorces n'est usité que pour l'exécution de solides géométriques; les arêtes obtenues par ce dernier moyen sont plus vives; découper en ménageant les amorces; entailler à mi-carton, en dehors, selon toutes les arêtes et assembler.

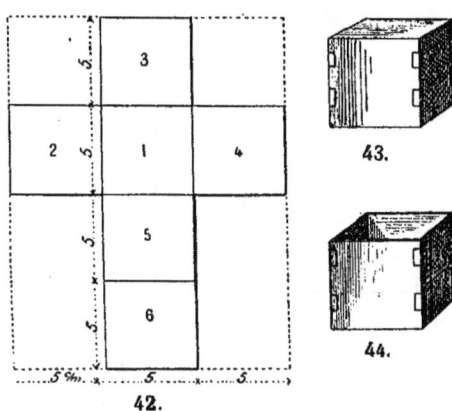

Le cube; développement et assemblage.

Si, au lieu de faire un prisme, on veut exécuter une boîte, on supprimera la face DA_1E_1H on assemblera au moyen d'attaches et on entourera la boîte latéralement avec une bande de papier un peu plus large que la hauteur, un peu plus longue que le contour de la boîte. On rabattra cette bande à l'intérieur sans la couper. Quant à la partie inférieure de la bande, elle devra être entaillée en biseau à chaque coin pour être rabattue sur le fond (*fig.* 46).

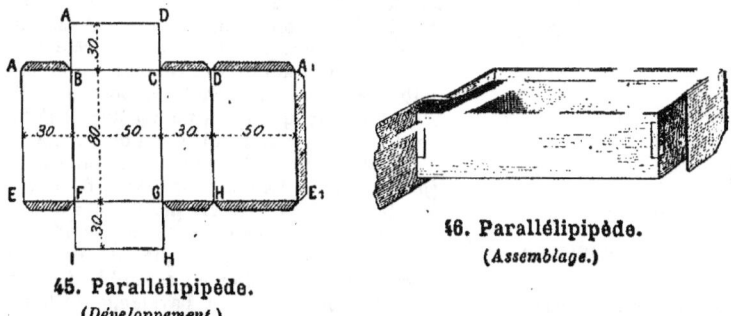

45. Parallélipipède.
(*Développement.*)

46. Parallélipipède.
(*Assemblage.*)

La pyramide. — Soit à construire la pyramide à base carrée ABCDE (*fig.* 47), dont on connaît seulement le côté CD et la hauteur AH; il faudra d'abord déterminer la hauteur d'une face (apothème) du triangle ADC. Cette

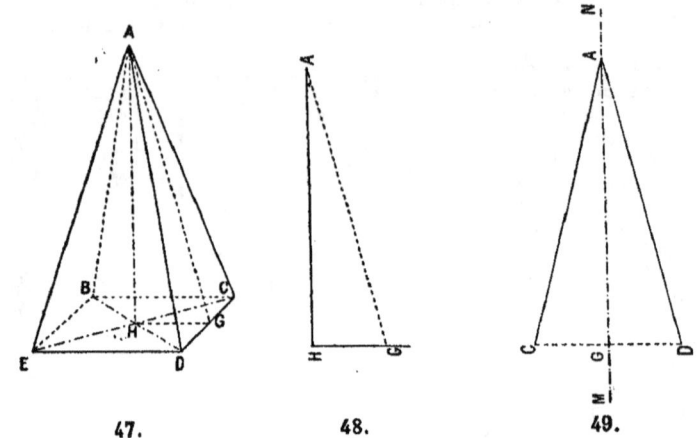

47.   **48.**   **49.**

Construction d'une pyramide.
(*La base et la hauteur sont données.*)

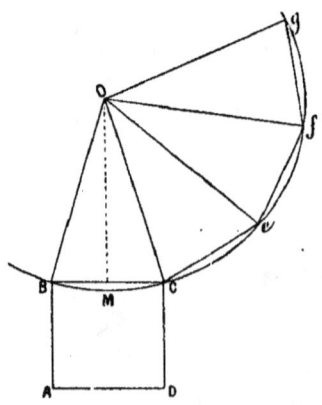

50. Développement.

hauteur forme avec AH et la demi-médiane de base un triangle rectangle dont l'angle droit est en H. En construisant ce triangle rectangle (*fig.* 48), on détermine AG. Il reste à construire le triangle isocèle DAC, dont on connaît la base et la hauteur. Sur le milieu de CD (*fig.* 49) élevons la perpendiculaire MN, sur laquelle nous prenons GA. En joignant A à C et à D, on obtient le triangle cherché, dans lequel chaque côté donne l'arête de la pyramide. On aurait trouvé plus rapidement cette arête en cherchant l'hypoténuse d'un triangle rectangle ayant pour côtés de l'angle droit la hauteur AH et la demi-diagonale HD.

Développement. Du point O comme centre (*fig.* 50), avec l'arête pour rayon, décrire un arc de cercle. Sur cet arc porter quatre fois le côté BC. Joindre les points ainsi trouvés entre eux et au sommet O et, sur BC, construire le carré BCDA. Coller en assemblant d'abord Og et OB, puis la base. Ce procédé de construction a l'avantage de laisser, au besoin, la pyramide ouverte, ce qui est commode pour des mesurages.

Vérifications tachymétriques. — On a construit, par exemple, un prisme et une pyramide ayant même base et même hauteur (*fig.* 51 et 52). On emplit la pyramide de sable fin ; on constate alors qu'il faut verser trois fois le contenu de la pyramide dans le prisme pour emplir celui-ci. Cette constatation montre que le volume de la pyramide est égal au tiers de celui d'un prisme de même base et de même hauteur.

Le cahier de l'élève devra contenir, sur la page de gauche (*verso*) : 1° le développement en papier ou carte, collé sur une face seulement afin qu'on puisse reconstituer le solide; 2° le croquis coté à main levée;— sur la page de droite : 1° le dessin géométrique à l'échelle soit du développement, soit des projections (*fig.* 53) du solide réalisé; 2° les définitions, remarques géométriques, calculs auxquels l'exercice a donné ou peut donner lieu.

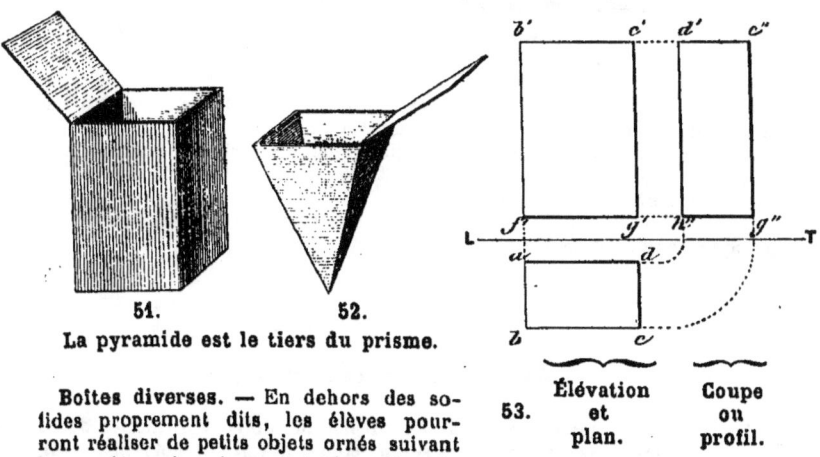

51.   52.
La pyramide est le tiers du prisme.

53. Élévation et plan.   Coupe ou profil.

Boîtes diverses. — En dehors des solides proprement dits, les élèves pourront réaliser de petits objets ornés suivant leur goût, mais qui seront toujours l'application d'un dessin précis et le sujet de remarques géométriques et de calculs.

Boîte à échantillons (*fig.* 54). — Les figures 55 et 56 donnent le détail de la construction des compartiments.

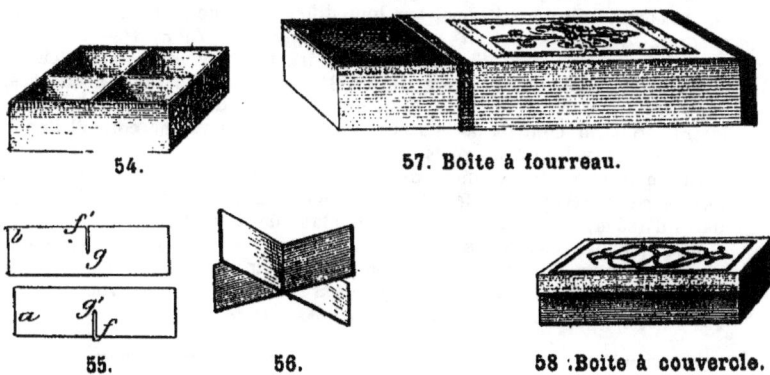

54.   57. Boîte à fourreau.

55.   56.   58. Boîte à couvercle.
Boîte à compartiments.

59. Prisme triangulaire.
(*Classeur.*)

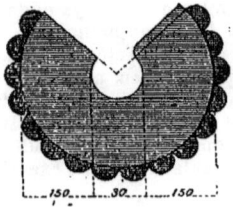

60. Tronc de cône.
(*Abat-jour.*)

Boîte à fourreau (*fig.* 57). — Cet exercice exige de la précision dans la mesure des dimensions des pièces entrant à frottement doux l'une dans l'autre.

Boîte à couvercle (*fig.* 58). — Les boîtes de mercerie, de pharmacie, fourniront tous les modèles et les ornements désirables.

Vide-poches ou *classeur* (*fig.* 59).

Abat-jour (*fig.* 60). La portion enlevée est un secteur égal au quart du cercle, puisque l'angle au centre est un droit.

COURS SUPÉRIEUR

Découpage et cartonnage[1].

Dans ce cours, les exercices de travail manuel doivent permettre de reviser et de compléter les notions acquises au cours moyen; ils doivent fournir des sujets de dessin géométrique qui n'ont pas encore été étudiés et aider à l'étude de la géométrie à trois dimensions.

En découpage, on réalisera par exemple les polygones réguliers, tels que pentagone et décagone, les polygones réguliers étoilés, on construira le carré sur la somme de deux lignes, sur leur différence, etc., et l'on constatera par exemple que $(a+b)^2 = a^2 + 2ab + b^2$, que $(a-b)^2 = a^2 - 2ab + b^2$, que $(a+b)(a-b) = a^2 - b^2$ et l'on en déduira des applications au calcul mental. Enfin on donnera, sous forme de problèmes, les réalisations à effectuer; par exemple : construire un carré dont on connaît la diagonale, un triangle équilatéral dont on connaît la hauteur, un hexagone dont on connaît l'apothème, un carré équivalent à un rectangle, etc.

On se servira des exercices de cartonnage pour donner les premiers principes de perspective, pour familiariser les élèves avec les projections orthogonales d'abord, puis obliques à un des plans de projection.

Exemples de quelques exercices : développement d'un parallélipipède incliné, d'un prisme ou d'un cylindre coupé par un plan oblique à la base, d'une pyramide ou d'un cône coupé par un plan parallèle à la base. — Applications faites par les cartonniers, les ferblantiers, tôliers, etc.

---

1. Voir Partie générale, page 27.

PRINCIPAUX EXERCICES DE MODELAGE

(d'après croquis cotés).

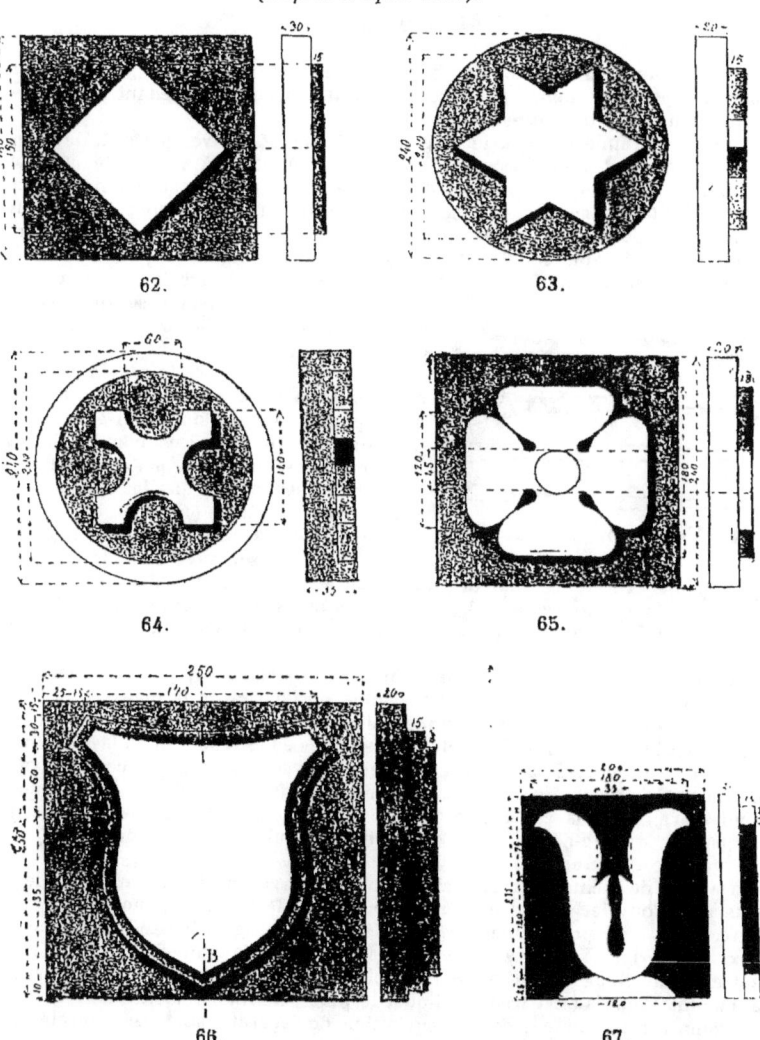

Planche IV.

Extrait du *Dessin-Modelage*, par CAPELLARO.
Librairie Larousse.

COURS MOYEN ET SUPÉRIEUR

Modelage.

L'enseignement du modelage ne nécessite pas une installation spéciale; c'est pourquoi il peut être donné aussi bien dans une école ne possédant pas d'atelier que dans celle qui en est pourvue.

La matière première est la terre glaise qu'on peut trouver partout. Dans les villes, on la vend toute préparée au prix de 0 fr. 70 à 1 franc le pain de 20 kilogrammes. Dans les campagnes, on peut la préparer soi-même. Après l'avoir extraite, la couper en tranches minces, la mettre sécher, pulvériser, tamiser pour débarrasser des petits cailloux, puis humecter pour la rendre plastique. Il faut avoir soin, en faisant cette dernière opération, de malaxer la terre avec les mains pour la rendre bien homogène. Mise à la cave et recouverte d'un linge mouillé, elle se conserve indéfiniment dans un état convenable à son emploi.

Le matériel indispensable est simple : une planchette de 30 × 20 environ ou une ardoise pour servir de fond, une éponge ou un linge mouillé pour s'essuyer les doigts, deux réglettes, une règle plate et quelques mirettes et ébauchoirs que les élèves pourront faire eux-mêmes (fig. 61).

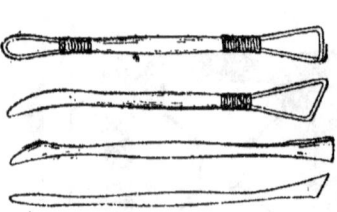

61. Mirettes et ébauchoirs.

Dans les écoles sans atelier la leçon se donnera en classe. Avec quelques conseils et un peu d'expérience tout désordre peut être évité. A l'atelier ou dans une salle spéciale, on pourra établir, le long des murs, des volets de 0m,40 à 0m,50 de large, qui seront relevés au moyen de crochets, seulement pendant les leçons.

De tous les exercices de travail manuel, le modelage est peut-être celui qui peut le mieux contribuer à faire l'éducation de l'œil et de la main.

Pour modeler un objet quelconque, il faut l'avoir bien vu, avoir apprécié non seulement le rapport des différentes dimensions en longueur et en largeur, mais aussi en épaisseur. Pour rendre les reliefs avec leur importance relative, il faudra avoir observé le modèle sous toutes ses faces et, comme il est impossible d'évaluer tous ces rapports avec des instruments de mesure tels que compas ou double-décimètre, c'est l'œil seul qui, la plupart du temps, sera chargé de ces évaluations.

Il en est de même pour la main. Dans un travail ordinaire, menuiserie ou ajustage, l'ouvrier a entre sa main et la matière d'œuvre un outil, rabot, lime, etc., qui, parfaitement approprié à son usage, demande seulement à être bien dirigé. Dans les exercices de modelage, aucun outil intermédiaire entre le modeleur et son œuvre : les doigts seuls agissent, traduisent la pensée, et comme la glaise est très plastique, le plus petit mouvement, la plus petite pression seront rendus ; de là, acquisition de légèreté, souplesse, sûreté de la main.

Le premier exercice consiste à préparer un fond par apports successifs de terre ; les fonds, dans la suite, se préparent rapidement au moyen de trois règles : deux fixes sur les marges, la troisième mobile qui râcle la surface en

PRINCIPAUX EXERCICES DE MODELAGE
(d'après croquis cotés).

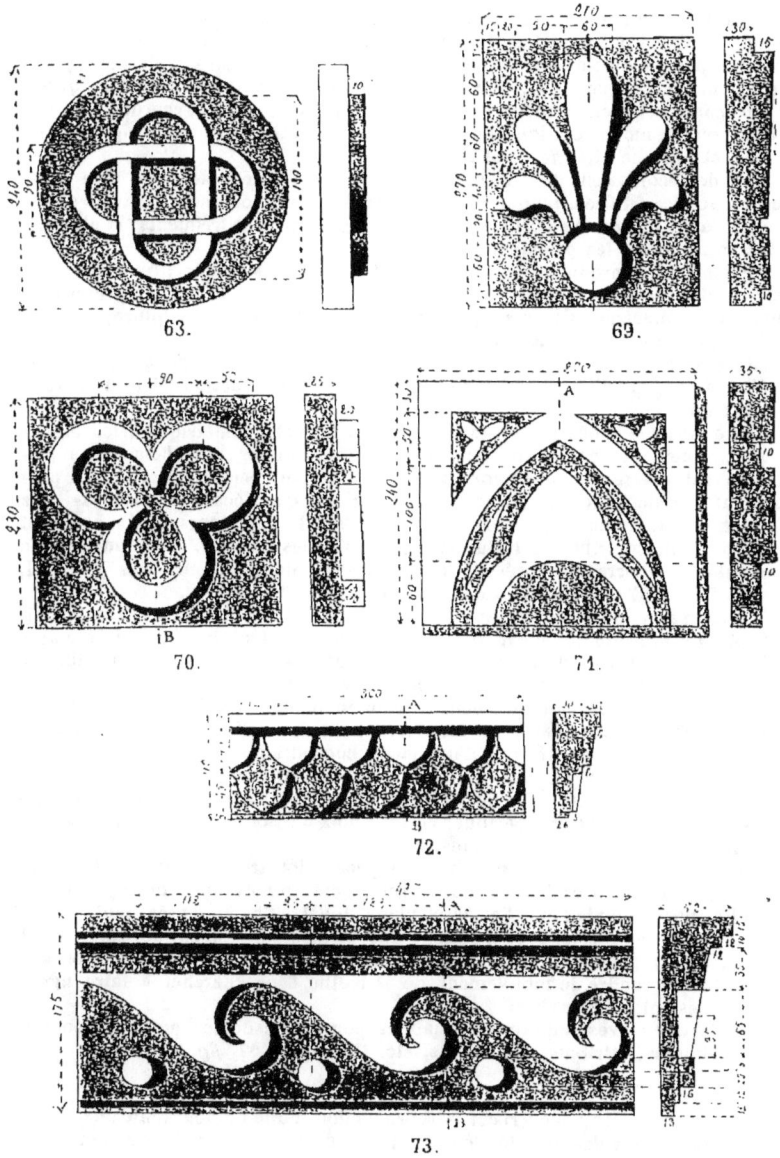

Planche V.

Extrait du *Dessin-Modelage*, par CAPELLARO.
Librairie Larousse.

l'unissant. Pour habituer les enfants à la manipulation de la terre glaise, on prendra d'abord des modèles géométriques indiqués au moyen de croquis cotés donnant plan, élévation et coupes; les premiers motifs seront plan sur plan (voir planche IV, page 89); puis plans inclinés sur plan (planche V, *fig.* 68 et 69, page 91). Ces modèles simples pourront encore être la reproduction de plâtres ou de moulages dont on aura pris le croquis coté. (Voir *fig.* 70, 71, 72, 73, et planche VIII, *fig.* 2 et 3.)

Bien des écoles sont dépourvues de ces modèles; il est facile de s'en procurer : sur les édifices, monuments, etc., anciens ou modernes, on trouve des motifs de sculptures. Les ornements courants sont les plus fréquents; la planche page 95 renferme les principaux.

On peut les reproduire en opérant de la manière suivante : on prépare la terre glaise de façon qu'elle soit assez ferme pour que le doigt s'y imprime bien sans adhérence. On la saupoudre de talc, ainsi que la sculpture à reproduire. On appuie fortement cette terre ainsi préparée sur le modèle et on l'enlève avec précaution. On a ainsi un moule en creux. Il suffit d'y couler du plâtre et de dépouiller ce moulage pour avoir la reproduction fidèle de l'ornement choisi.

Il ne faut pas modeler trop longtemps des formes géométriques; les élèves s'en fatiguent et leur main prend une sorte de raideur; on choisira des plâtres ayant une forme plus mouvementée en évitant cependant ceux qui présentent trop de difficultés. Il ne faut pas oublier que l'école ne vise pas plus à faire des sculpteurs que des menuisiers ou des ajusteurs, mais que tout exercice doit contribuer à l'éducation générale des enfants. Le modelage de ces plâtres pourra être précédé d'un croquis coté (voir planches V et VI, pages 91 et 93) ou suivi d'un dessin à vue.

Le relevé géométral d'un modèle est un excellent exercice. Les figures 76, 77, 78 et 79 représentant l'élévation, le plan, le profil et le plan de la feuille d'acanthe (sujet trop difficile pour être exécuté dans nos écoles élémentaires) montrent de quelle façon ce relevé peut être fait.

Il sera bon quelquefois de donner comme modèle un dessin lithographié; l'enfant s'habituera ainsi à rendre exactement des reliefs et des mouvements qui n'avaient été indiqués que d'une façon conventionnelle au moyen d'ombres portées ou d'ombres propres. (Voir *fig.* 5 et 6, planche VIII.)

Enfin, il existe une série de modèles qui plaisent énormément aux enfants et qu'on peut se procurer partout; ce sont ceux qui sont empruntés à la nature : feuilles, fleurs, rameaux, coquilles, etc.

Il faut éviter avec ces modèles une reproduction trop servile, photographique pour ainsi dire; l'élève devra interpréter plutôt que copier; dans une feuille, par exemple (voir *fig.* 80 et planche VIII, *fig.* 8), après avoir disposé le modèle sur un fond et maintenu les saillies au moyen de boulettes de terre, on a reproduit le contour aussi exactement que possible, mais on s'est contenté de rendre le mouvement de la feuille sans chercher à faire figurer toutes les petites nervures.

Enfin, les élèves suffisamment habiles pourront exécuter quelques compositions simples, attributs, cartouches, etc. (Voir page 97, *fig.* 5 et 9.)

La planche VIII (page 97) est la reproduction d'une photographie de quelques modelages exécutés par les élèves d'une école communale de Paris (rue

PRINCIPAUX EXERCICES DE MODELAGE
(d'après croquis cotés).

74.

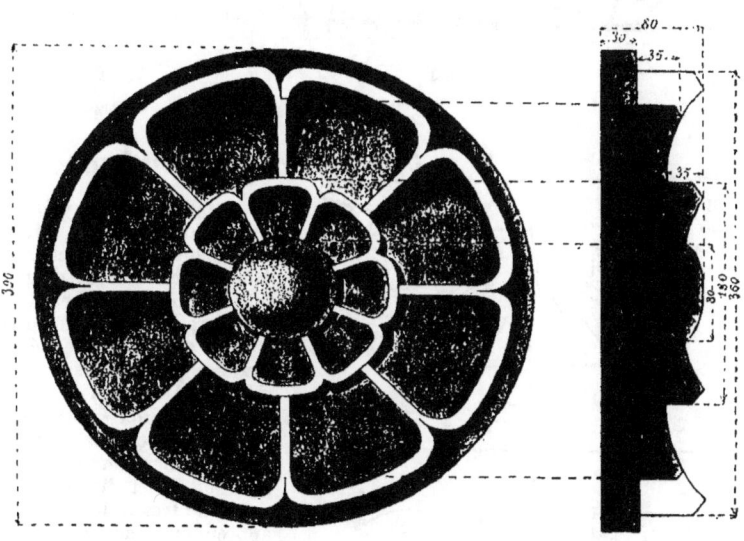

75.

Planche VI.   Extrait du *Dessin-Modelage*, par CAPELLARO.
Librairie Larousse.

Pihet, 1. Directeur, M. Berlin) : le n° 1, d'après croquis coté ; les n°s 2, 3, 4, 7, d'après un plâtre ; les n°s 5 et 6, d'après un dessin ; le n° 8, d'après nature (platane) ; le n° 9 est une composition.

RELEVÉ GÉOMÉTRAL

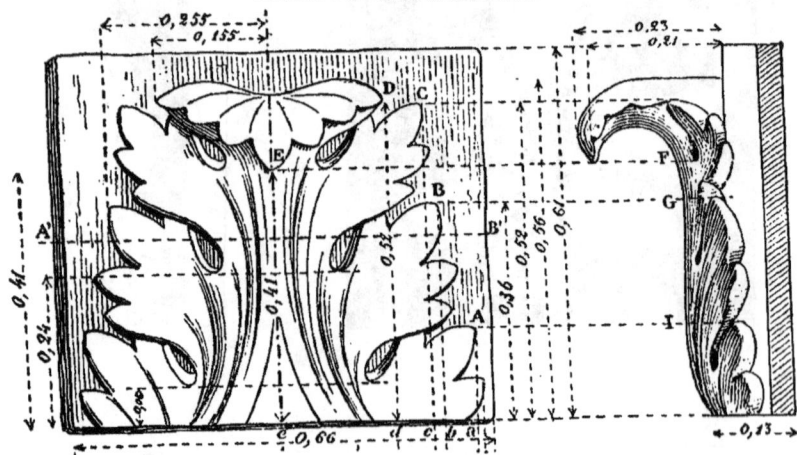

76. Élévation.   77. Profil.

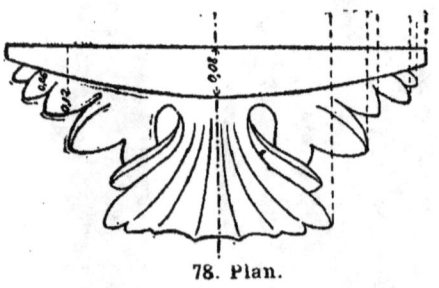

78. Plan.

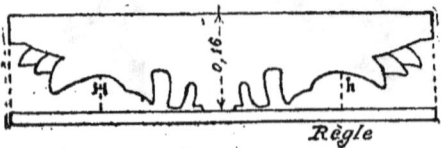

79. Coupe.

Moulage.

Le moulage en plâtre du travail d'un enfant est une récompense très recherchée ; il faudra en user le plus souvent qu'on le pourra. C'est d'ailleurs le moyen de se créer à peu de frais une série de modèles pour le dessin.

Presque tous les ouvrages de travail manuel indiquent la façon de procéder quand on veut mouler un objet quelconque. Ces indications pourront être très utiles, mais on en apprendra plus en pratiquant soi-même cette opération qu'en lisant les meilleurs ouvrages sur ce sujet.

ORNEMENTS

Planche VII. Extrait du *Petit Dictionnaire Larousse.*

Exemples des sujets décoratifs rencontrés le plus souvent en architecture
et qu'on peut reproduire facilement par estampage à l'argile, puis moulage au plâtre.

L'une des opérations les plus simples est le moulage d'une feuille lisse, celle du lierre, par exemple ; voici comment on peut procéder.

La feuille graissée légèrement d'huile est posée sur un plan, puis les interstices qui restent entre la feuille et le plan sont remplis de glaise molle, de

80. Moulage d'une feuille.

manière à ne laisser aucune partie rentrante. Une petite bordure d'argile forme ensuite une sorte de cuvette rectangulaire autour de la feuille. Après avoir graissé d'un peu d'huile le fond de cette cuvette, on coule une gâchée liquide de plâtre fin ainsi préparée : dans une terrine contenant un volume d'eau suffisant pour remplir la cuvette en recouvrant le modèle de 2 centimètres environ sur les parties les plus saillantes, on projette par petites portions à la fois, au moyen d'un tamis par exemple, du plâtre non éventé ; la quantité de plâtre est suffisante quand on ne voit plus d'eau libre à la surface du mélange. On brasse le tout rapidement avec un bâton pour obtenir une pâte homogène et on verse la gâchée. Quand le plâtre est bien pris et refroidi, on enlève l'argile et la feuille, et on a un moule en creux permettant d'obtenir, par un coulage nouveau, une reproduction fidèle de la feuille. Cette reproduction, scellée sur un plateau de plâtre, est représentée par la figure 80, extraite du Dessin-Modelage, par Capellaro (Librairie Larousse).

PHOTOGRAPHIE DE TRAVAUX D'ÉLÈVES

Planche VIII.   MODELAGE   *Ecole communale rue Piher.*
(Voir page 94.)

Écoles pourvues d'un atelier.

COURS MOYEN (2° *année*)

(1re année d'atelier¹.)

Les exercices doivent être choisis de telle sorte qu'ils contribuent au développement méthodique des organes et des forces de l'enfant; les outils employés, râpe, scie à araser, rabot, ciseau, marteau, rivoir léger, lime demi-douce, n'exigent pas d'efforts trop grands et leur maniement permet de discipliner les organes en exécutant successivement des mouvements élémentaires des mains, des poignets, des avant-bras et des bras.

Les objets confectionnés ne demandent, pour être représentés, qu'une seule figure, la vue à plat; ils seront la réalisation de constructions géométriques planes, qui présenteront l'application des notions de dessin étudiées en classe et faisant partie du programme du cours moyen.

Tout exercice doit être précédé d'un croquis coté relevé sur un carnet spécial. Ce carnet portera en outre, en regard du croquis, une légende indiquant: 1° le nom de la matière d'œuvre et des outils nécessaires à l'exécution du travail; 2° l'ordre suivi dans le tracé et les manipulations; 3° le temps employé à l'exécution et la note du maître. (Voir page 126.)

Pour obtenir plus de rapidité et d'exactitude dans le tracé des croquis, il est commode de se servir du papier quadrillé au 1/2 centimètre; le tableau noir étant quadrillé au 1/2 décimètre, chaque croquis sera la réduction au 1/10° du dessin fait par le maître.

I. Travail du bois.

Usage de la râpe, de la lime pour le travail du bois et de la scie à araser.

Se servir de planchettes de peuplier tirées de largeur à 10 centimètres, d'épaisseur à 10 millimètres et blanchies² à la varlope par le maître-ouvrier.

Obtenir un carré, diviser chaque côté en quatre parties égales, joindre ces points de division et, sur ce canevas, tracer des motifs dérivés du carré, croisillon à quatre branches, droites ou courbes, rosaces, étoiles, etc.

Usage du trusquin, de la fausse équerre, du rabot, des différentes sortes de râpe (plate ou demi-ronde).

Continuation des exercices à la râpe et à la lime.

Usage du rabot : Les planchettes blanchies sont tirées d'épaisseur seulement, les élèves les mettent de largeur en les rabotant sur champ.

Exécution de rosaces tirées du carré ou de l'hexagone. (Voir planche IX, fig. 8.)

---

[1]. Voir partie générale (p. 28), les indications concernant les travaux d'atelier et notamment l'âge auquel il convient de les commencer.

[2]. Une planche est blanchie quand, avec la varlope, on a enlevé les sillons laissés par la scie. (Voir page 29, note 1.)

PHOTOGRAPHIE DE TRAVAUX D'ÉLÈVES

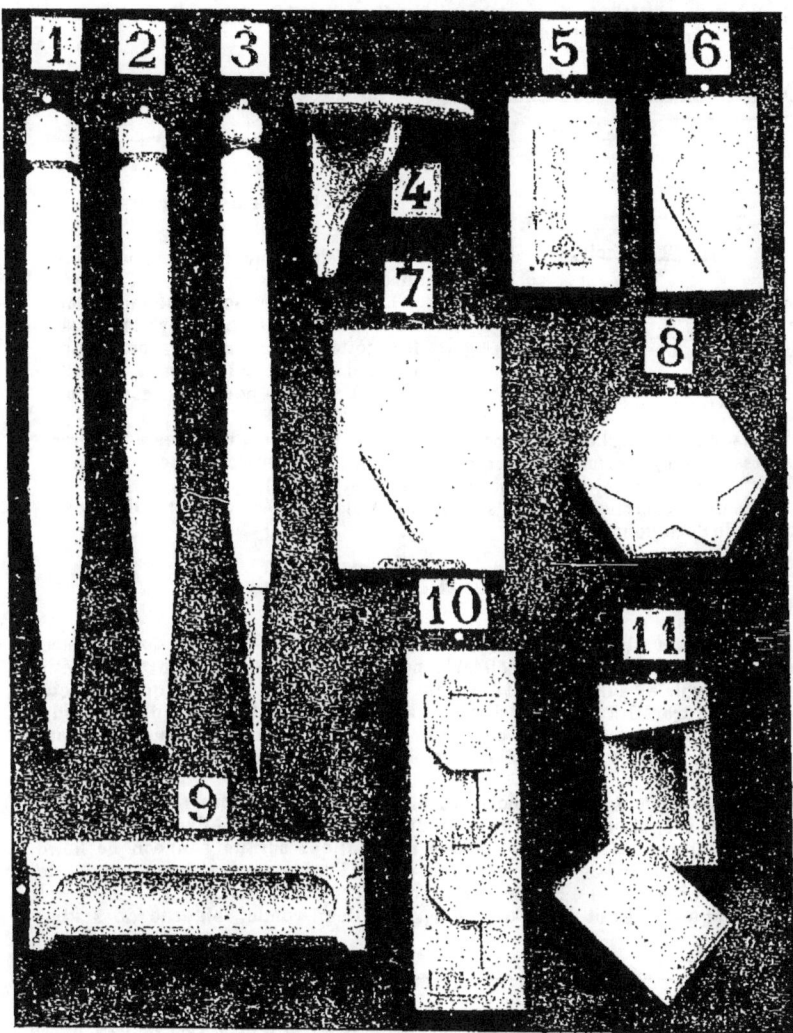

Planche IX.   BOIS   *École communale rue Pihet.*
(Voir pages 100 et 103.)

Objets présentant des courbes non géométriques dans des planchettes tirées de largeur par les élèves. Exemples : plioir, ébauchoir (*fig.* 81), couteau à papier (*fig.* 82) manche d'outil (*fig.* 83).

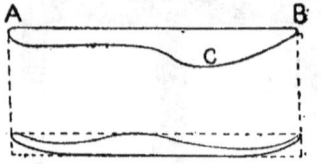

81. Ébauchoir.

82. Couteau à papier.

83. Manche d'outil.

Usage de la scie, du rabot, de la varlope, du ciseau.

Les planchettes sont seulement blanchies et tirées d'épaisseur ; les élèves les mettent de largeur au rabot et lorsque leur longueur le permet, ils utilisent la varlope pour le dressage des champs.

Traits de scie verticaux, perpendiculaires et parallèles, obliques aux fibres, traversant complètement le morceau ou à mi-bois suivant tracé préalable Élégir au ciseau à mi-bois. (Voir *fig.* 5, 6, et 8, pl. IX.)

Revision et exercices facultatifs. Rosaces et étoiles tirées du carré, de l'hexagone et de l'octogone.

II. Travail du fil de fer.

Exercices sur fil de fer [1] demi-cylindrique de 5 millimètres de diamètre souple et bien recuit, assez malléable pour être travaillé à froid avec un petit marteau rivoir et suffisamment résistant pour conserver la forme qui lui a été donnée. Ce travail a pour but d'initier les enfants au maniement du marteau ; il permet de tirer parti de tout ce que le métier de forgeron a d'éducatif (sûreté de main et justesse du coup d'œil) sans présenter les dangers et le labeur du fer forgé.

Comme pour le travail du bois, les élèves devront prendre sur leur carnet d'atelier le croquis coté et la notice indiquant la marche à suivre ; ils devront en outre tracer les figures, grandeur d'exécution, sur un panneau de hêtre de 30 cm. × 20 cm. Ce tracé servira de guide ; l'enfant posera dessus son fil de fer pour s'assurer s'il a réalisé l'angle ou la courbe voulue.

Outillage. — Petit marteau rivoir, lime demi-ronde, bigorne de 2 kilogrammes [2].

---

1. Ce fil de fer se trouve dans le commerce sous le nom de fil fin de Comté recuit demi-cylindrique de 5 millimètres de diamètre et se vend par bottes de 5 kilogrammes environ. Pour les liens, il faut prendre du fil de 3 millimètres de diamètre seulement. Les ateliers scolaires parisiens se fournissent chez M. Tourneur, rue Réaumur, 20, à Paris.

2. Une bigorne est une petite enclume dont une pointe est conique et l'autre à section carrée ; une enclume sans pointes est un tas.

Dresser le fil au marteau.
Réaliser des angles, droits, aigus, obtus. (Voir *fig.* 84.)

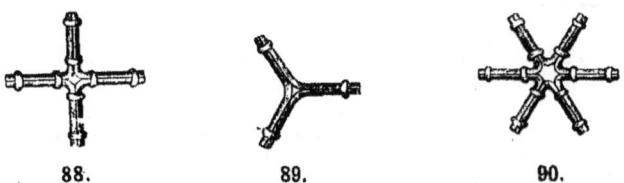

84.

Travail préparatoire du fil de fer   85.   86.   87.
(*angles*).   Préparation du lien.

Les figures 85, 86, 87 donnent le détail de l'exécution du lien.
Réunir ces angles au moyen de liens faits en fil 1/2 cylindrique de 3 millimètres de diamètre pour former des croisillons à quatre, six ou trois branches. (Voir *fig.* 88, 89, 90.)

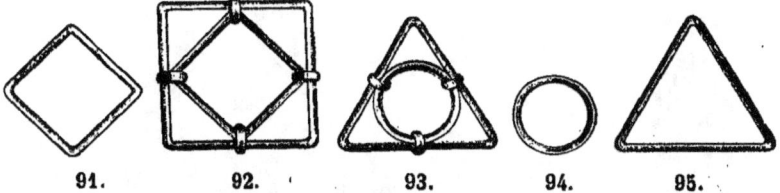

88.   89.   90.
Premiers exercices (*rosaces*).

Rectangle, carré, losange. — Figures inscrites et circonscrites (voir *fig.* 91 et 92).
Les élèves étant obligés de calculer exactement les périmètres de ces différentes figures, on voit comment l'exécution de ces exercices peut servir d'application à la géométrie et au calcul.

91.   92.   93.   94.   95.
Figures inscrites et circonscrites.

Circonférence : Anneaux de différents diamètres inscrits dans un carré, dans un triangle équilatéral. (Voir *fig.* 93, 94, 95.)

Anneau ovale inscrit dans un rectangle. Combinaisons de figures réalisées précédemment.

Rosaces composées d'éléments circulaires inscrits dans un anneau.

Courbes non géométriques en C, en spirale, en S, en V. Combinaisons de ces divers éléments, usités en serrurerie ornementale. (Voir *fig.* 96, 97 et 98.)

Rosaces circulaires formées de ces mêmes éléments (*fig.* 99).

Revision. Travaux facultatifs. Rosaces, appuis de fenêtre, éléments de grille de balcon, etc.

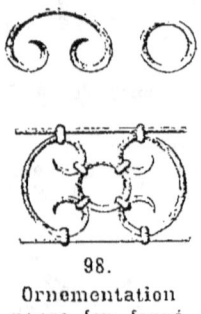

98. Ornementation genre fer forgé.

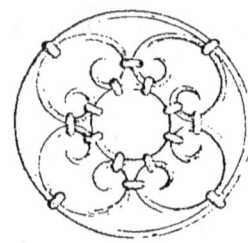

99. Rosace même genre.

A l'école de la rue Pihet, où ces exercices sont particulièrement en faveur, on arrive, avec quelques élèves bien doués comme habileté manuelle, à obtenir de petits chefs-d'œuvre dont voici deux des plus beaux spécimens (*fig.* 100). Les pièces noircies ou bronzées aux poudres métalliques sont d'un effet charmant.

Les exercices de ce genre provoquent l'initiative chez l'enfant; à la condition de ne jamais commettre de faute contre le bon goût, il y a tout avantage à les encourager.

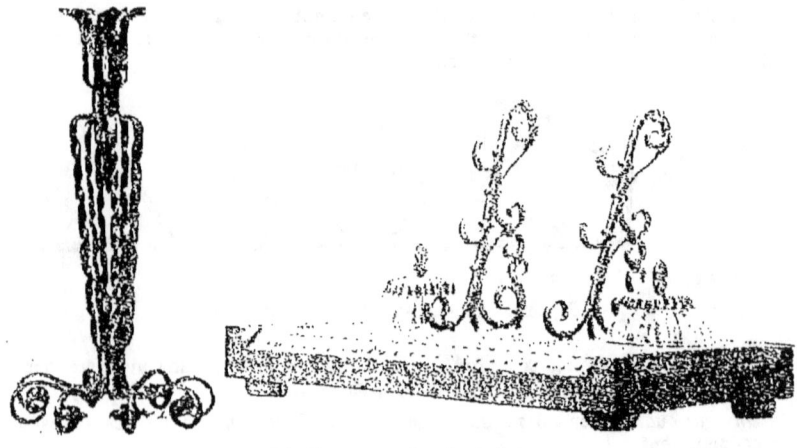

100. Travaux de fantaisie.

COURS SUPÉRIEUR (1re *année*)

(2° *année d'atelier.*)

Travail du bois [1].

Les bois d'œuvre destinés aux ateliers scolaires doivent être de bonne qualité. S'il est difficile à un ouvrier de couper un bois noueux et rebours, il est impossible à un enfant de le travailler convenablement.

Le sapin, le peuplier et le hêtre sont les seules essences employées dans les ateliers des écoles élémentaires parisiennes et voici pourquoi : il est facile de se les procurer dans le commerce, et de bonne qualité ; les dimensions des échantillons commerciaux fixés par l'usage varient peu, et les exercices choisis sont combinés de telle sorte que le débitage des bois d'œuvre se fait sans perte.

Les bois seront donnés bruts de scie ; les élèves les tireront de largeur et d'épaisseur. Ils seront exercés au maniement des principaux outils du menuisier, y compris la plane. Les objets réalisés ne comprendront pas de pièces assemblées dont l'exécution demande une précision et une habileté que l'on ne saurait exiger d'enfants ayant 11 ou 12 ans.

Les croquis habitueront les élèves au mécanisme du dessin en projection et les exerceront à reconstituer dans l'espace les figures représentées par plan, élévation, profil et coupe.

Les tracés à exécuter sur la matière d'œuvre permettront de reviser les constructions importantes et usuelles de la géométrie plane ; ils fourniront l'occasion de donner des notions concrètes de géométrie dans l'espace.

Premiers exercices. — Préparation de la matière d'œuvre ; corroyage ; maniement des affûtages, de la scie à araser, à chantourner, à refendre. (V. page 103.)

Exemples : Exécution d'un panneau (7), d'une tablette d'angle (4), d'une réglette, etc. (Voir planche IX.)

Maniement de la scie à tenons, du guillaume, du ciseau et de la plane. (V. page 103.)

Exemples : Pointe de diamant sur rectangle (5), sur losange (6) ; piquet carré (1), octogonal (2), cylindrique (3). [V. planche IX].

Maniement du ciseau, du guillaume, de la gouge et du bédane.

Exemples : Grecque (guillaume et ciseau) (10), plumier (gouge et ciseau) (9), mortaises (bédane). [V. planche IX.]

Exercices de revision et d'application. — Dessous de plat (8), boîte à graisse (11). [Voir planche X [2].]

---

[1]. On consultera avec fruit les instructions données dans les programmes du ministère du Commerce. (Voir aux pièces annexes, pages 146 et suiv.)

[2]. Les planches VIII, IX, XI et XII sont la photographie de travaux d'élèves prélevés dans une école communale de Paris (rue Pihet, 1 ; directeur : M. Berlin).

PRINCIPAUX MOUVEMENTS DANS LE MANIEMENT DES OUTILS

On a parlé au chapitre II de la portée éducatrice du travail manuel et des avantages que l'enfant pouvait en tirer au point de vue de son instruction et de son éducation. Les raisons données suffisent pour justifier l'introduction de cet enseignement à l'école primaire. A ces avantages intellectuels ou moraux, il faut ajouter ceux que l'élève pourra tirer pour le développement physique de ses organes. Sans parler de la dextérité, de la souplesse et de la sûreté de main que fait acquérir le travail manuel, les travaux d'atelier comprennent une série de mouvements qui mettent en jeu tous les muscles de l'enfant, et constituent ainsi un ensemble excellent d'exercices gymnastiques.

Les figures 1 à 9 de la planche X, empruntées au livre de M. Jully, *Travail manuel à l'atelier scolaire* (librairie Belin), indiquent les principaux de ces mouvements; elles ont été réduites de façon à les réunir en une seule planche, ce qui facilite les comparaisons.

1. Travail à la plane : Tractions dans le sens horizontal. Mouvements simultanés des bras.

2. Travail à la scie à tenons. Poussées dans le sens horizontal.

3. Travail à la scie à débiter. Mouvements simultanés et parallèles des bras dans le sens vertical.

4. Travail au bédane et au maillet. Mouvements circulaires de l'avant-bras droit autour du coude et assouplissement du poignet.

5. Travail à la varlope. Exercice combiné des deux bras et du torse, flexion des jambes.

6. Travail au ciseau. Mouvement simultané des bras et des poignets.

7. Travail à la lime. Mouvement parallèle des bras dans le sens horizontal et en avant, flexion des jambes, stabilité du corps.

8. Travail au marteau et au burin. Mouvement circulaire du bras droit. Assouplissement des articulations des membres supérieurs.

9. Travail à la lime (tirer de long). Mouvement parallèle des bras et des mains en avant et en arrière.

COURS SUPÉRIEUR (2ᵉ *année*)

(3ᵉ *année d'atelier*.)

Les bois seront corroyés avec précision. Les objets se composeront de deux ou plusieurs pièces entraînant l'exécution d'un assemblage simple.

Le tracé des assemblages habitue les élèves à l'exactitude dans le report et l'exécution des figures géométriques ; il exerce à voir dans l'espace et permet de donner un enseignement concret de géométrie très profitable à de futurs artisans.

Les tracés de géométrie plane sont complétés par l'étude de quelques courbes usuelles : spirale, anse de panier, ove, etc.

PRINCIPAUX GENRES DE MOUVEMENTS
dans les travaux d'atelier.

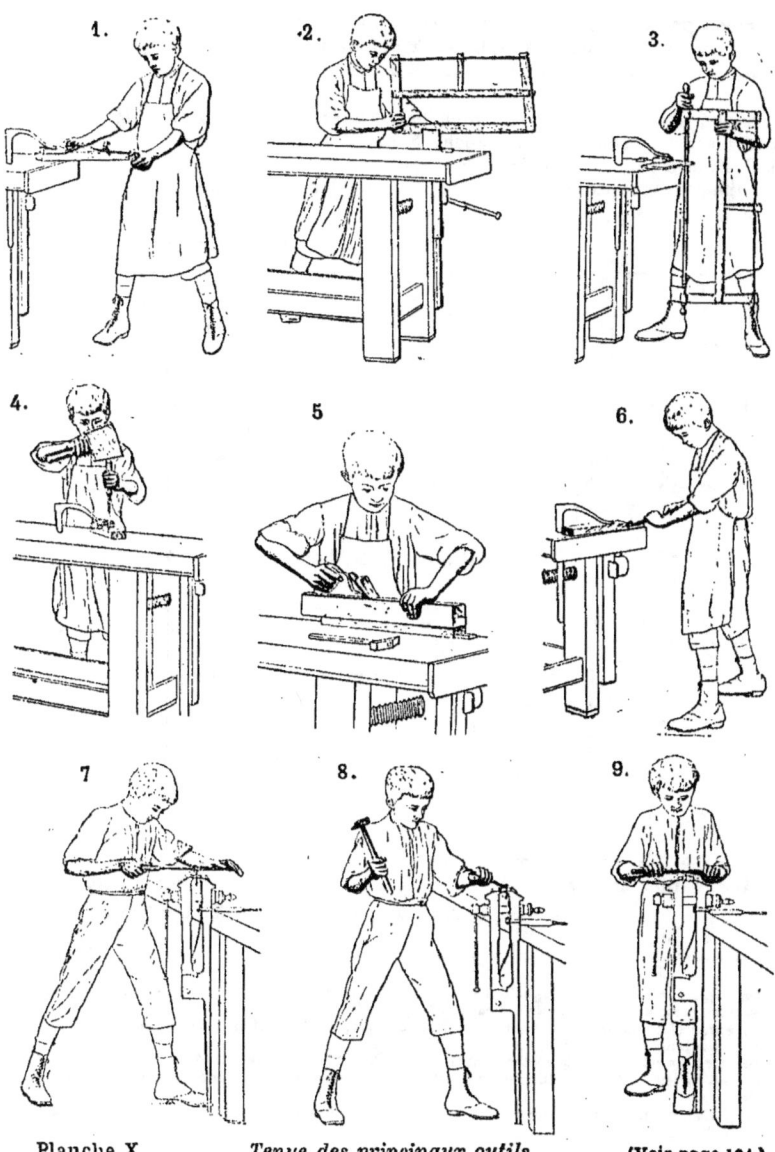

Planche X. Tenue des principaux outils. (Voir page 104.)

Exercices principaux. — Enture [1] simple sans embrèvement, assemblage à mi-bois (*fig.* 101 et 102), assemblage à enfourchement [2] simple (*fig.* 103), assemblage à tenon et mortaise [3] (*fig.* 104).

Exercices d'application. — Exemples : Équerre de menuisier (*fig.* 105), potence assemblée (*fig.* 1 et 3, planche XI).
Vérification d'une règle et d'une équerre.
Assemblage à tenon et mortaise avec rainure et languette, flottage [4] (*fig.* 106).

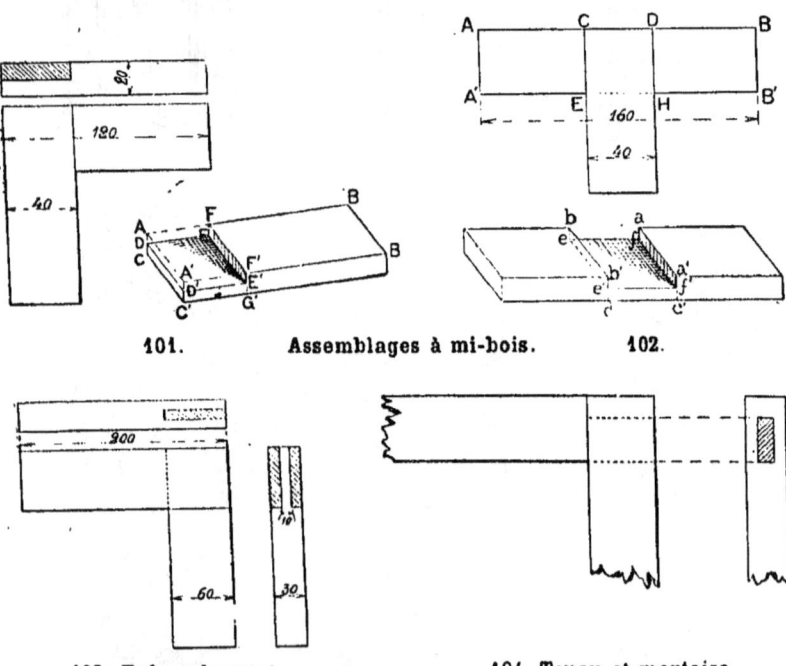

101.   Assemblages à mi-bois.   102.

103. Enfourchement.   104. Tenon et mortaise.

Extraits du livre de MM. Daujat et Dumont. (Librairie Larousse.)

---

1. On appelle *enture* l'assemblage de deux pièces bout à bout; l'enture est à *embrèvement* quand chaque pièce porte une languette. (Voir page 130, *fig.* 141.)
2. Un *enfourchement* est un assemblage droit ou oblique, dans lequel une des pièces porte à l'extrémité une entaille en forme de fourche.
3. La *mortaise* est une cavité rectangulaire creusée dans une pièce de bois, dans le sens des fibres, et ouverte d'un seul côté ou la pénétrant de part en part; le *tenon* est la partie qui se loge dans la mortaise.
4. Le *flottage* est une sorte de tenon dont une face est à découvert et flotte, pour ainsi dire, à la surface de l'assemblage.

PHOTOGRAPHIE DE TRAVAUX D'ÉLÈVES

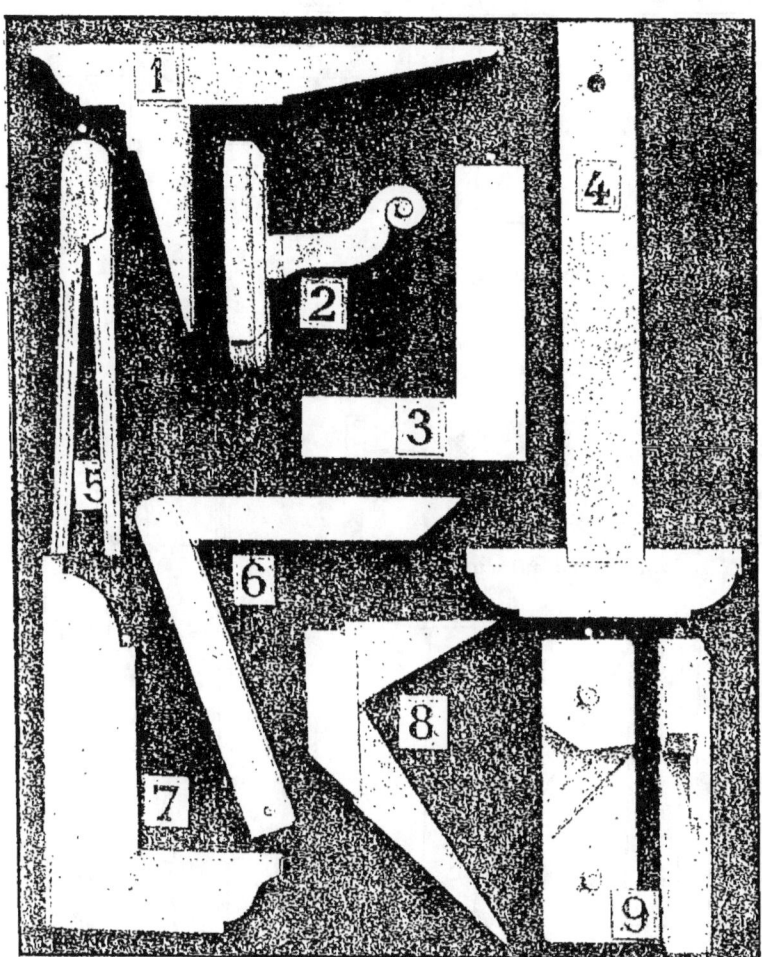

Planche XI.   BOIS   *École communale rue Pihet.*
(Voir page 106.)

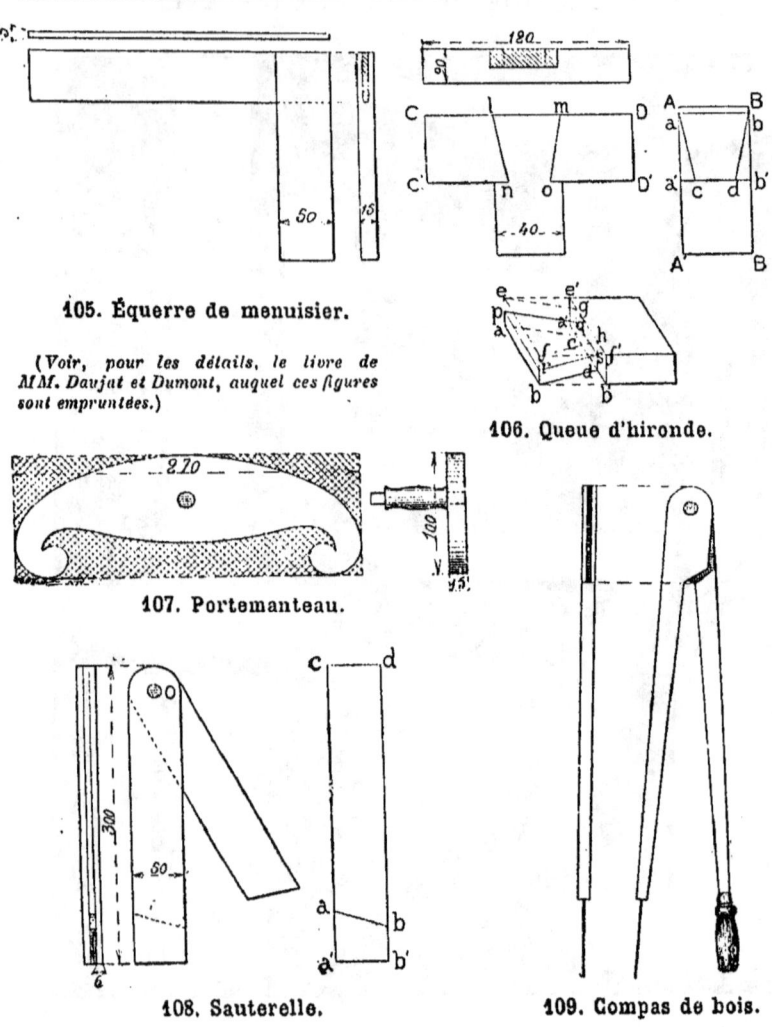

105. Équerre de menuisier.

(*Voir, pour les détails, le livre de MM. Daujat et Dumont, auquel ces figures sont empruntées.*)

106. Queue d'hironde.

107. Portemanteau.

108. Sauterelle.

109. Compas de bois.

Exercices d'application. — Exemples : Équerre de charpentier (planche XI, fig. 7), té à dessin (fig. 4).

Exercices de revision. — Exemples : Portemanteau (planche XI, 2, et fig. 107), compas (fig. 109), fausse équerre (planche XI, 5 et 6, et fig. 108).

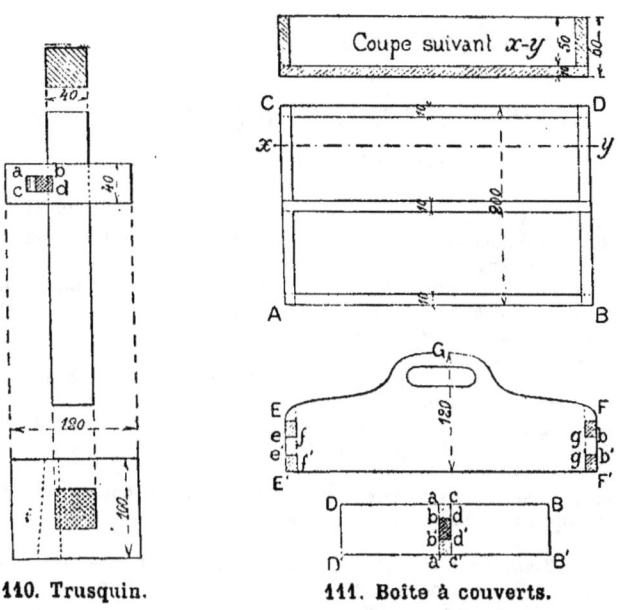

110. Trusquin.   111. Boîte à couverts.

(*Extraits du livre de MM. Daujat et Dumont.*)

COURS COMPLÉMENTAIRE

(4ᵉ *année d'atelier.*)

Les travaux du cours complémentaire seront choisis de façon à reviser les constructions les plus importantes des trois cours et entraîneront à des manipulations un peu plus délicates. On se montrera plus sévère dans l'exécution du travail et on pourra aborder vers la fin du cours la réalisation d'objets comprenant plusieurs pièces assemblées.

Exemples : Piquet octogonal (voir planche IX, 2), plumier orné de moulures (*id.*, 9), équerre d'onglet (voir planche XI, 8) et rabot[1] de deux pièces (9); trusquin, boîte à couverts (*fig.* 110 et 111).

---

[1]. L'exécution de la lumière d'un rabot en une seule pièce demande une habileté qu'un ouvrier seul peut posséder. En coupant le rabot en deux dans le sens de la longueur, on n'a plus qu'à exécuter une entaille semblable sur les deux pièces, à les réunir au moyen de deux goujons et à coller. La figure 9 montre les deux pièces séparées.

Travail du fer (*tôle douce*).

COURS SUPÉRIEUR (2º *année*)
(2º *année d'atelier*.)

Employer de la tôle de fer dit au bois [1] ou mieux de la tôle d'acier doux recuite, de 1/2 millimètre d'épaisseur, très malléable, facile à couper et se prêtant bien au repoussage.

La tôle est coupée à plat sur l'enclume de 2 kilogrammes avec un burin pris dans de l'acier méplat à champs ronds de 10×5, pour les parties droites, et avec une langue de carpe (burin à taillant convexe) de mêmes dimensions, pour les parties courbes.

Le repoussage se fait sur plomb avec des matoirs [2] de forme appropriée ou au marteau à panne [3] arrondie.

Le travail de la tôle initie les enfants au maniement du marteau, du burin, des poinçons, des matoirs et de la lime. Il les habitue en même temps aux tracés à deux dimensions.

Le repoussage exerce l'œil à saisir des formes mouvementées se rapprochant de celles que l'on obtient par le modelage de l'argile.

Exercices. — *Triangle rectangle isocèle, carré, octogone.* — Découper ces figures à plat. Modifier ces polygones pour en sortir des objets usuels : coin de coffret, entrée de serrure, ou des rosaces que l'on galbe ensuite par un repoussage sur plomb.

Cercle, hexagone, pentagone.

Faire subir à ces figures des modifications analogues à celles qui ont été indiquées précédemment.

Polygones étoilés, décagone.

Même travail que précédemment.

Assemblage de deux ou plusieurs éléments formant une fleur complète.

Chacune des figures de la planche XII indique bien les trois phases de l'opération : 1º le tracé ; 2º le découpage à plat ; 3º le repoussage. L'ensemble est la reproduction, d'après photographies, de travaux d'élèves d'une école communale de Paris (rue Pihet, 1 ; directeur, M. Berlin).

---

1. La tôle de fer au bois de 1 à 2 millimètres d'épaisseur se vend par feuille. Son prix est d'environ 30 francs les 100 kilogrammes. La tôle d'acier doux recuit d'un demi-millimètre vaut environ 85 francs les 100 kilogrammes.
Les ateliers parisiens se fournissent chez M. Tourneur, 20, rue Réaumur, Paris.
2. Un matoir (outil pour matir ou mater — rendre mat) est une sorte de pilon en acier dont l'extrémité est arrondie ou revêt différentes formes; il agit sous les coups de marteau comme instrument contondant.
3. La *panne* d'un marteau est la partie amincie ; le côté opposé, plus large, s'appelle la *table*.

PHOTOGRAPHIE DE TRAVAUX D'ÉLÈVES

Planche XII.   TÔLE REPOUSSÉE   *École communale rue Pihet.*
(Voir page 110.)

Travail du fer (*aplati*).

COURS SUPÉRIEUR (2º *année*)

(3ᵉ année d'atelier.)

Le fer employé est surtout l'aplati de 68 × 4, sur lequel il est possible d'exécuter les manipulations de la serrurerie : burinage, dressage, perçage du fer, exécution d'une rivure, d'une goupille, taraudage, brasure, soudure.

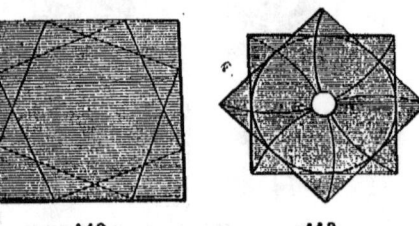

112. 113.
Tracé sur la tôle.

Les objets à exécuter se prêteront à des constructions ayant pour but d'initier les élèves au maniement des outils à tracer usuels du mécanicien.

L'exécution d'un anneau de tiroir présente la série presque complète de ces manipulations. Il faut d'abord obtenir un carré [*fig.* 112] (burinage et dressage), puis tracer un octogone inscrit traçage), découper cet octogone et y percer un trou [*fig.* 113] (dressage et perçage), préparer la tige supportant l'anneau [*fig.* 114, 115, 116] (dressage, exécution d'une goupille, taraudage); confectionner l'anneau [*fig.* 117] (polissage et exécution d'une brasure).

Enfin, assembler et river [*fig.* 118] (exécution d'une rivure).

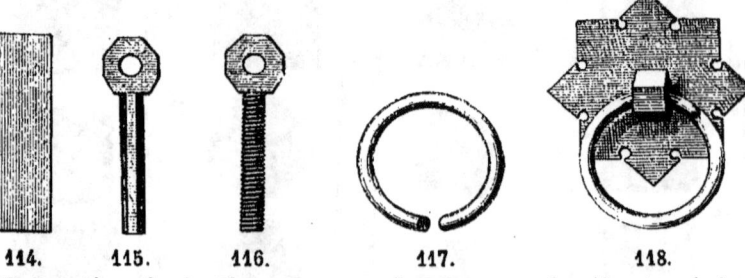

114. 115. 116. 117. 118.
Préparation de la tige. Anneau. La pièce terminée.

Exercices. — Maniement de la lime rude des deux, de la lime plate bâtarde et du burin. Forage à la machine.

Figures dérivées du carré et du rectangle.

Exemples : Plaque carrée dont les angles sont abattus en quart de cercle, comme pour poignée de loquet; entré de serrure (losange); octogone

Pièces chantournées à la lime, avec ou sans épaulement [1]. — Tige arrondie à la lime. — Rivure.
Exemples : Rondelle, plaque pour poignée de sonnette (rectangle dont les

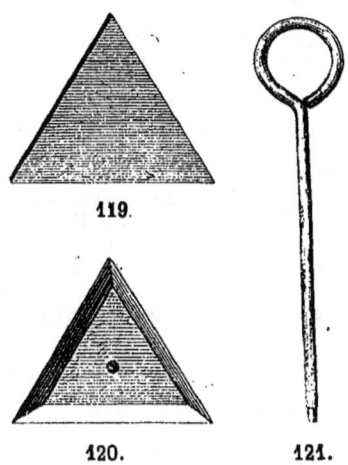

119.

120. 121.
Préparation des pièces.

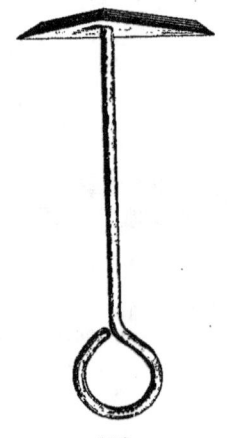

122.
Raclette.

petits côtés sont arrondis en demi-cercles d'un diamètre inférieur à la largeur du rectangle).

Râclette. La figure 119 représente le triangle équilatéral découpé ; la figure 120, le même triangle chanfreiné ; la figure 121, la tige, et la figure 122, la râclette achevée.

123. Brasure.

Brasures ; soudures à l'étain. — Taraudage. — Assemblage à queue d'aronde [2] (fig. 123).

Exemples : Anneau (fig. 117); anneau de tiroir (fig. 112 à 118); godet de peintre (tronc de cône ouvert par la petite base); équerre brasée.

Travaux facultatifs. — Exercices de revision.

---

1. On appelle *épaulement* (forme d'épaule servant d'appui) dans une pièce de bois ou de fer un amincissement brusque, à angle droit.
2. Les queues d'aronde ou d'hironde sont des parties saillantes en forme de trapèze ménagées dans une pièce de bois ou de fer et rappelant assez bien la forme d'une queue d'hirondelle.

COURS COMPLÉMENTAIRE

(4ᵉ année de présence aux ateliers.)

Les travaux du cours complémentaire comprendront l'assemblage de plusieurs pièces et exerceront les élèves à plus de précision dans les tracés et l'exécution; ils se rapprocheront davantage du travail de l'ajusteur, sans présenter toutes les difficultés de l'ajustage. Ils pourront être choisis de façon à combiner l'emploi des différentes matières d'œuvre travaillées : fil de fer demi-cylindrique, tôle, fer plat et bois.

124. Réglette.

Exemples : Réglette (*fig*. 124), équerre d'onglet, sauterelle (*fig*. 125), verrou, compas, flambeau et encrier (*fig*. 100).

Stéréotomie.

Les exercices de stéréotomie doivent tous être précédés d'une épure; ils offrent l'application de vérités empruntées à la géométrie dans l'espace ou sont la réalisation d'épures de géométrie descriptive. Ils ne peuvent donc guère être commencés avant le cours supérieur ou complémentaire.

La stéréotomie complète l'enseignement commencé avec le cartonnage et permet de réaliser certaines applications géométriques qui étaient irréalisables avec ce dernier. On peut, avec le cartonnage, montrer presque toutes les sections planes des solides. Dès que l'on passe aux intersections de deux polyèdres, la stéréotomie est préférable. La raison en est que les procédés de réalisation sont différents. Avec le cartonnage, pour tracer les développements on ne s'occupe que de surfaces planes, on évalue seulement la valeur des angles plans de chaque face. En stéréotomie, au contraire, il n'est presque pas possible d'isoler chaque face; il faut évaluer les angles solides qu'elles font, trouver la valeur exacte du droit de chaque dièdre. Les tailleurs de pierre, les appareilleurs cherchent bien le développement d'une ou de deux faces du solide à réaliser (généralement le parement), et ils construisent au moyen de petites lattes clouées un châssis (le panneau), représentant le contour extérieur de cette face; mais ils recherchent aussi le droit de chaque dièdre, et ils construisent une sorte d'équerre, de gabarit, appelé biveau, donnant exactement en creux l'angle formé par les faces voisines, planes ou cylindriques.

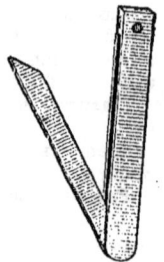

125. Sauterelle.

La matière première employée en stéréotomie est le plâtre, ou, à son défaut, la terre glaise séchée. Le premier est préférable, étant plus homogène et d'un aspect plus agréable. Les saumons de plâtre sont coulés dans un châssis composé de quatre planches assemblées et dans lequel on a pratiqué des séparations au moyen de lames de zinc. Les dimensions intérieures du châssis sont : $0^m,30 \times 0^m,20 \times 0^m,05$. En y ménageant cinq séparations, les saumons obtenus ayant $0,20 \times 0,06 \times 0,05$ pourront être débités à la scie en morceaux de grosseur convenable.

L'outillage pour chaque élève est simple : une planchette recouverte de papier de verre pour user les faces, une vitre de verre double sur laquelle on sème du grès pulvérisé pour achever le dressage, un ciseau de menuisier ou mieux un couteau de table dont le bout est équarri et affûté, un trusquin de menuisier,

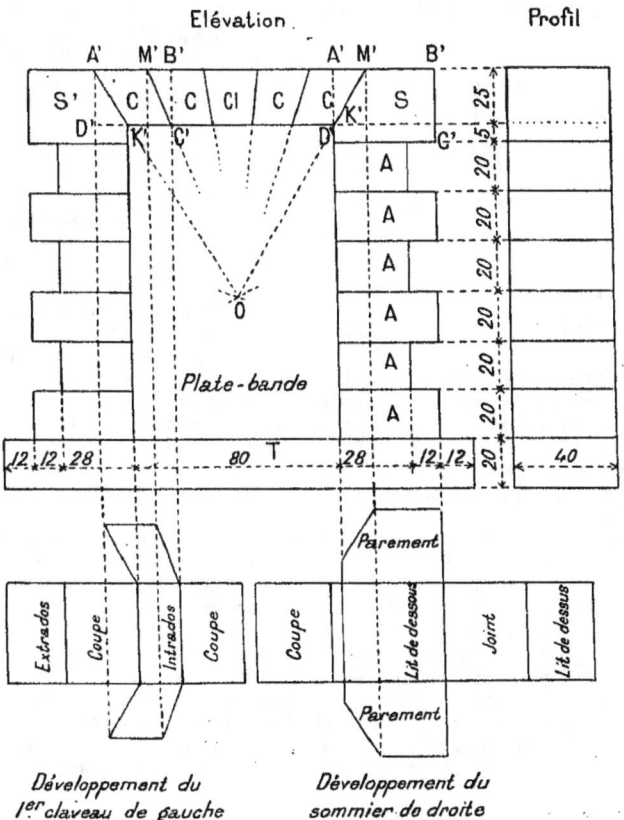

126. Épure de la plate-bande.

ou mieux un trusquin d'ajusteur [1], une règle et une équerre à chapeau en fer.
Les premiers exercices doivent être simples :
Réalisation d'un parallélipipède ;
— d'un cube ;
— d'un prisme droit ou tronqué ;
— d'un cylindre droit ou tronqué ;
— d'une pyramide (tétraèdre) ;
— d'un octaèdre, etc. ;
puis exercices d'application : socle, stèle, borne, etc.

Viendront ensuite des exercices d'ensemble (chaque élève construisant une pièce différente : portes, fenêtres, voûtes, murs droits ou en talus, etc.

La construction d'une porte en plate-bande montrera la marche à suivre et les procédés à employer.

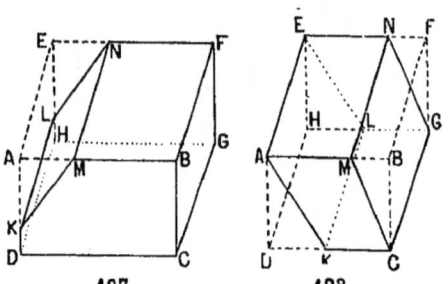

127. 128.

Tous les élèves font l'épure indiquée figure 126.
Les moins habiles seront chargés des pierres des pieds-droits A, A, A.
Les plus habiles prendront soit un sommier S, soit la clef de voûte Cl, soit un claveau C.
Supposons qu'un élève ait à réaliser le sommier de droite S ; il cherche d'abord le développement, puis il réalise un parallélipipède droit ayant pour base ABCD et pour hauteur BF (*fig.* 127) ; c'est le *solide capable*. Pour l'obtenir, dresser un parement, mettre l'autre parement parallèle au premier. Dresser le lit de dessous DHGC perpendiculaire aux deux parements. Tracer avec l'équerre à chapeau CB, DA et GF, LE. Dresser ces faces latérales (joints), puis tracer et dresser le lit de dessus AEFB. Ceci fait, appliquer sur chacune des faces ABCD et EFGH le panneau de parement, tracer DM et LN ; joindre MN et KL et dresser la face de coupe.

La marche à suivre pour l'exécution du premier claveau de gauche est analogue.
Le solide capable ABCD, EFGH étant réalisé (*fig.* 128), appliquer le panneau de parement sur les deux parements, tracer et dresser les joints de coupe. Comme vérification appliquer sur la face supérieure AEMN le panneau d'extrados, et sur la face inférieure, KCGL le panneau d'intrados.

Le découpage des panneaux des différentes faces et surtout du panneau de parement est indispensable, surtout si on a des faces concaves à réaliser. Ainsi dans l'arc plein cintre (*fig.* 129) si on avait à construire le premier voussoir de droite, on réaliserait d'abord le solide capable (*fig.* 130). La position de la ligne LQ sur la face AEMD et la courbure des lignes LK et QP ne peuvent être déterminées qu'en appliquant sur les deux parements les panneaux de parement.

---

[1]. A défaut de trusquin, on peut construire un instrument qui en tient lieu ; sur une planche de bonne assise, fixer une tige de fer autour de laquelle on enroule un fil de fer assez fort, formant douille ; puis ménager à l'extrémité de cette douille un trou destiné à recevoir un crayon.

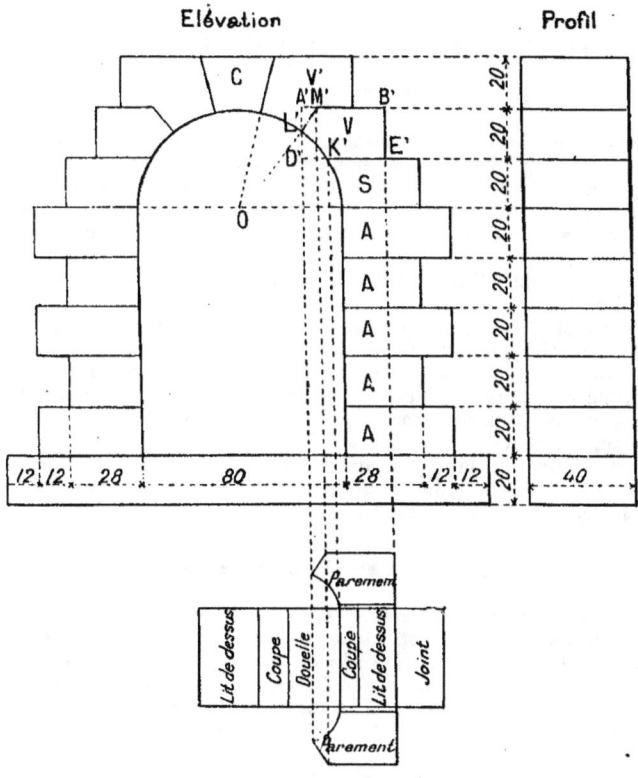

129.
Épure de l'arc plein cintre.

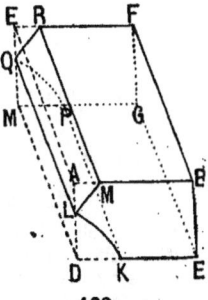

130.
Taille d'un voussoir.

Dans l'exécution, pour s'assurer de l'exactitude de la courbure de la douelle d'intrados, il est bon de découper un morceau de carton donnant le gabarit de cette courbure et d'une face adjacente; c'est un biveau.

Chaque voussoir étant terminé, on monte l'appareil et on le maintient au moyen de colle de pâte ou d'amidon, appliquée sur les joints. Il est rare qu'il n'y ait aucune retouche à faire; on chargera un des meilleurs élèves de faire les ravalements nécessaires.

ÉCOLES PRIMAIRES SUPÉRIEURES

(Voir Partie générale, page 52.)

On trouvera plus loin le programme officiel de travail manuel pour les écoles primaires supérieures, à section normale industrielle (pages 161 et suivantes), et celui des écoles pratiques d'industrie (pages 171 et suivantes).

Dans les autres écoles primaires supérieures où l'enseignement est général, le programme de travail manuel est celui des cours complémentaires et des écoles normales.

Les exercices d'application devront être appropriés au genre d'industrie de la région où se trouve l'école.

Dans le projet de programme des écoles primaires supérieures présenté, en 1892, au Conseil supérieur de l'Instruction publique, on avait cru utile de donner des directions, des conseils aux maîtres. Tout en décidant qu'il ne serait joint à l'arrêté ministériel en préparation qu'un programme succinct, la haute assemblée a admis, dans son esprit, le projet élaboré par le comité des inspecteurs généraux et dont il a été parlé au chapitre IV (page 85). Voici la partie de ce projet relative au dessin et aux travaux d'atelier : on remarquera que la plupart des exercices indiqués se retrouvent, soit aux cours supérieur et complémentaire, soit à l'école normale [1].

Dessin et Modelage.

Les professeurs de dessin devront s'inspirer pour l'application des programmes suivants des directions données par l'Inspection de l'enseignement du dessin. Ces directions nettes et précises ont été publiées, à diverses reprises, par les soins de l'Administration ; on les trouvera notamment dans le recueil des monographies pédagogiques de l'Exposition de 1889 : L'ENSEIGNEMENT DU DESSIN *et dans le fascicule n° 35 des documents scolaires du Musée pédagogique.*

1re ANNÉE

A. — Dessin géométrique.

I. — Revision et exécution sur le papier, à l'aide des instruments, des tracés géométriques faits au tableau dans les écoles primaires. Exercice de raccordement des différentes lignes.

II. — Applications : dessins reproduisant des motifs de décoration de surfaces planes : carrelage, parquetage, vitraux, etc.

Lavis, à l'encre de chine et à la couleur, de quelques-uns de ces dessins.

III. — Relevés cotés et représentation géométrale au trait, avec teintes conventionnelles dans les coupes, de solides géométriques et d'objets très simples tels que : petit banc, tabouret, marchepied, escabeau, seau, baquet, caisse à fleurs, tiroir, coffre, petite table, chevalet pour scier le bois, tréteau, etc.

---

1. Voir les figures, pages 89 à 96 et page 133.

B. — Dessin à main levée.

I. — Représentation géométrale (au trait) et représentation perspective (avec les ombres) de solides géométriques et d'objets usuels simples en prenant, comme modèles, les objets et les solides eux-mêmes.

II. — Dessin, d'après le relief, d'ornements purement géométriques, moulures, denticules, perles, etc.

III. — Dessin, d'après le relief, d'ornements empruntant leurs éléments au règne végétal : feuilles, fleurs, fruits, palmettes, etc.

C. — Modelage.

Premiers exercices : 1° d'après croquis coté, d'ornements géométriques, de modelage à faible relief et représentant des motifs de décoration, plan sur plan ; 2° d'après des modèles en relief empruntant leurs éléments au règne végétal (feuilles et rinceaux).

2ᵉ ANNÉE.

SECTION NORMALE

A. — Dessin géométrique.

I. — Notions sur la ligne droite, sur le plan dans l'espace, et sur les projections (le professeur évitera avec soin de diriger ses leçons dans le sens d'un cours de géométrie descriptive).

II. — Projections de solides géométriques et d'objets usuels pris dans la liste précédente (III de A, 1ʳᵉ année). Déplacements de solides parallèlement aux plans de projection.

III. — Éléments d'architecture empruntés surtout à l'ordre dorique, d'après les modèles en relief.

B. — Dessin à main levée.

I. — Dessin d'après les fragments d'architecture en relief : piédestaux, antes, corniches, etc. (Collection officielle.)

C. — Modelage.

I. — Revision des exercices de 1ʳᵉ année.

II. — Modelage d'après les plâtres de la collection officielle servant au dessin à main levée, tels que : filet grec, denticules, perles et pirouettes, palmettes, etc.

SECTION INDUSTRIELLE

Tout le programme de la section normale et, en outre, le complément suivant :

A. — Dessin géométrique.

IV. — Relevés avec cotes et représentation géométrale, avec teintes conventionnelles, des principaux travaux d'atelier (assemblages de menuiserie, pièces d'ajustage) et de quelques outils peu compliqués, tels que : clef à écrou, pied à coulisse, trusquin, rabot, vilebrequin, meule, poupée de tour, établi, étau.

SECTION COMMERCIALE ET SECTION AGRICOLE

Les paragraphes suivants du programme de la section normale :

A. — Dessin géométrique.

§ I, II et III.

3º ANNÉE

SECTION NORMALE

A. — Dessin géométrique.

I. — Intersection de solides dans les cas usuels les plus simples et d'après nature : sphère et prisme régulier, sphère et cylindre, cylindres de même diamètre (applications à l'écrou à chanfreins, au boulon, aux tuyaux coudés, etc.)

Développement de celles des surfaces qui sont développables (d'après les exercices de travaux manuels correspondants).

II. — Exécution à une échelle déterminée, d'après un croquis coté fait sur les objets eux-mêmes, de modèles tels que : pièces de serrurerie, portion de bâtiments, principaux organes de machines, etc.

III. — Notions de perspective linéaire : représentation par les procédés exacts de la perspective linéaire de solides géométriques, d'objets simples ou de fragments d'architecture (le relevé géométral, avec cotes, précédera toujours la mise en perspective).

B. — Dessin à main levée.

I. — Dessin d'après les fragments d'architecture de la collection officielle, tels que : oves, rais de cœur, griffes à tête de panthère et à tête de lion, feuille d'acanthe, rosaces, etc.

C. — Modelage.

Modelage, d'après les plâtres de la collection officielle servant au dessin à main levée, tels que : frises, rinceaux, griffes, oves, rais de cœur, feuille d'acanthe, rosaces, etc.

SECTION INDUSTRIELLE

Tout le programme de la section normale ; en outre, épures, complétées par le lavis, des principaux sujets indiqués précédemment (A § II) tels que : serrure simple, serrure de sûreté, détail des organes essentiels des principales machines employées dans l'industrie courante ; charpente, stéréotomie, etc.

SECTION COMMERCIALE ET SECTION AGRICOLE

Le paragraphe 2 de A section normale, spécialement appliqué à des plans de constructions simples et courantes dont on peut avoir à établir les devis ou à vérifier les mémoires. Pour la section agricole, les applications porteront en outre sur des organes de machines agricoles.

Travaux d'atelier.

CONSEILS ET DIRECTIONS

Des notions techniques suffisantes seront toujours données, d'après nature, par le professeur, avant chacun des premiers exercices, ou chacune des séries d'exercices analogues, sur la matière d'œuvre et sur les procédés géométriques applicables au tracé rigoureux du travail à exécuter.

Avant son premier emploi, chaque outil sera également l'objet d'une leçon destinée à faire comprendre la raison d'être de toutes les pièces qui le constituent, la nature, la forme et la disposition de ces pièces. Les précautions à prendre, les différents mouvements à exécuter dans le maniement d'un outil seront expliqués en détail par le professeur qui devra toujours donner la raison scientifique de ses explications.

Dans un carnet spécial, l'élève résumera les explications du professeur et y reproduira tous les croquis avec cotes; le professeur y inscrira une note d'appréciation pour chaque exercice réalisé.

L'enseignement sera collectif pendant la première année; par un système de rotation convenablement établi, on obtiendra une égale répartition du temps entre l'atelier du bois et celui du fer. La division des élèves de première année en deux sections qui travaillent, l'une au bois, l'autre au fer, pendant une période de deux mois consécutifs, par exemple, et qui alternent ensuite après chaque période, est un mode très recommandable : la continuité des exercices du même genre donne d'excellents résultats; ce mode doit être préféré à celui qui consisterait à partager, pour un même élève, les quatre heures de la semaine entre les deux ateliers.

Dès la seconde année, les élèves ne travailleront plus qu'à un seul atelier; en troisième année, les exercices, pendant une même leçon, pourront ne pas être les mêmes pour tous.

Un registre-journal constamment tenu à jour portera l'indication du travail exécuté dans chaque séance; il relatera la nature et la quantité de matières premières ainsi que le temps dépensés pour chaque exercice.

Une collection complète, méthodiquement rangée et formée d'un spécimen de chacun des exercices, doit être exposée dans les ateliers.

1re ANNÉE

Atelier du bois.

Exercices élémentaires au moyen de l'outillage suivant : presse, petite scie (égoïne ou scie à araser), plane à deux manches, râpe, lime et rabot. Ces exercices aboutiront à l'exécution de prismes à 4, 8, 16 pans, puis à un cylindre terminé par un cône. Applications telles que : tuteurs, piquets et plantoirs de jardinier, manches d'outil, ébauchoirs, etc.

Exercices de la scie à araser ou à tenons, du ciseau plat et des outils à tracer. (On emploiera des morceaux de bois régulièrement débités et qu'il suffira de *blanchir* au rabot ou à la varlope pour pouvoir exécuter rigoureusement le tracé). Sciages de bout, obliques, à mi-bois; sciages de fil. Exercices dits des pointes de diamant.

Exercices de la scie à chantourner (ou à découper) : évider, tailler à jour suivant dessins. Applications telles que : portemanteau mobile, consoles simples ou appliques, clouées ou vissées.

Premiers exercices de corroyage. (Le corroyage exact ne s'obtient qu'après une longue pratique des affûtages ; il continuera donc pendant les trois années et se fera à propos de chaque exercice de menuiserie. Pour procéder graduellement, on donnera, au début, des pièces de bois régulièrement débitées ; on augmentera ensuite et progressivement la difficulté en choisissant avec soin la forme et la nature de la matière brute.)

Application des exercices précédents à la confection d'objets assemblés à clous ou à vis, tels que : caisse à fleurs, boîtes diverses, plus ou moins ornementées par des découpages à jour, chanfreins, pointes de diamant..., le tout suivant dessin à l'échelle.

Exercices de tour : on se bornera à la préparation du morceau de bois, à son centrage et à l'exécution d'un cylindre.

Atelier du fer.

Travail du fil de fer. — Courbures, à la pince ou à l'étau, suivant des angles déterminés, puis des figures d'ornement : grecques, polygones étoilés ; courbes diverses telles que circonférences, spirales, volutes.

Application : confection de quelques objets usuels tels que : crochet, triangle, trépied, grille, pince à ressort, chaînes diverses, petit panier à savon, mirettes pour modelage, le tout suivant dessin à l'échelle [1].

Travail à la lime et au burin. — Premiers exercices, alternant avec les travaux en fil de fer. Traits croisés à la lime d'Allemagne ; tracés au pointeau, découpage de plaques et rondelles, chanfreins enlevés au burin par copeaux de faible épaisseur, achèvement à la lime. Maniement du foret à l'archet.

Applications telles que : règle biseautée, plaques pour entrées de serrures, poignées de tiroir, etc.

Forge. — Étude de l'outillage ; préparation du feu et exercices simples, étirer, apointir.

2º ANNÉE

(Les élèves sont spécialisés, c'est-à-dire que chacun d'eux n'accède plus qu'à un seul atelier.)

Atelier du bois.

SECTION NORMALE

Revision des exercices à la plane et à la scie ; continuation du corroyage.
Applications telles que : banc ou tabouret à claire-voie.
Assemblages à mi-bois, à angle de 90, de 45, de 60º (croix de Saint-André). Assemblage à tenon et mortaise simple. On veillera non seulement à l'exécution parfaite du tracé, mais on exigera sa vérification rigoureuse par des procédés géométriques.

Applications : échelle, chevalet de bûcheron, en grandeur réelle pour un groupe d'élèves travaillant au même objet, en grandeur réduite pour un seul

---

1. Les travaux en fil de fer ont été avantageusement modifiés, voir pages 101 et suivantes.

exécutant. Confection de quelques outils tels que : sauterelle, équerre ordinaire de menuisier, équerre d'onglet, niveau de maçon, grand compas en bois, trusquin, etc.

SECTION INDUSTRIELLE

Menuiserie. — Le programme de la section normale avec toutes les applications ; premiers exercices de moulures sur les assemblages théoriques du même programme.

Autres assemblages théoriques tels que : à paume à 60°, etc. Entures diverses : à sifflet, traits de Jupiter. Entailles à queues d'hironde à mi-bois.

Sculpture sur bois. — Premiers exercices d'après les sujets simples reproduits en modelage. On se bornera, en seconde année, aux opérations suivantes : 1° dessin à main levée sur la matière bien dressée ; 2° découpage du motif ; 3° refouillement des fonds ; 4° modelage à l'outil des flexions du motif ; 5° dressage définitif des fonds.

Coupe de pierre. — Si des élèves de cette section se destinent à l'industrie du bâtiment, le programme pourra être modifié pour eux de la manière suivante :

Les exercices autres que ceux de la section normale seront remplacés par la coupe de plâtre : confection des solides géométriques ordinaires (prismes et pyramides) ; section de ces solides ; épure de la plate-bande. Le tout d'après dessin en vraie grandeur d'exécution. (Voir, pages 114 à 117, le détail de ces exercices.)

La sculpture sur bois sera remplacée par la sculpture sur pierre tendre ou simplement sur plâtre coulé en saumons.

Tour à bois. — Revision des exercice de première année. — Cône plein et cône creux de mêmes dimensions ; moulures principales, suivant croquis coté ou profils à l'échelle.

SECTION COMMERCIALE

Le professeur choisira, parmi les exercices précédents ou suivants, ce qui sera le plus utile aux élèves de cette section.

SECTION AGRICOLE

Même programme que celui de la section normale. — Les applications porteront de préférence sur la confection d'objets utiles à un cultivateur, tels que manches d'outils, râteaux (faits à la plane), échelle, chevalet à scier le bois, etc.

Atelier du fer.

SECTION NORMALE

Suite des exercices à la lime, au burin ou au bédane. — Exécution de parallélipipèdes de dimensions données : saignées au bédane, sur une face, parallèlement aux arêtes. Équerre plate à 90 ou à 120°. — Exercices divers appliqués à des objets utiles tels que contrefort en équerre, avec ornements aux bouts, et percés de trous fraisés pour recevoir des vis. Cube, prisme droit.

SECTION INDUSTRIELLE

Ajustage. — Programme de la section normale avec exercices plus nombreux d'ajustage proprement dits tels que prisme à 8, 16, 32 faces ; assemblage à queue d'hironde sur plat et sur champ, brasés au cuivre ; croisillons, etc.

Forge. — Revision des premiers exercices. — Courber sur plat et sur champ, faire un lopin. — Rebattage d'un burin ou d'un bédane, exercices de trempe.
Applications : chevillette, patte à glace, patte à crochet, chaînon, anneau, rondelle, équerre.

SECTION AGRICOLE (*fer et bois*)

Même programme que celui de la section normale pour les exercices théoriques à l'atelier du bois. Les applications porteront de préférence sur la confection d'objets utiles à un cultivateur, tels que manches d'outils, râteaux, faits à la plane; échelle, chevalet à scier le bois, etc.

A l'atelier du fer, revision des exercices de 1re année, notamment de ceux de forge.

3° ANNÉE
(Les élèves continueront à être spécialisés.)

Ateliers du bois.

SECTION NORMALE

On reprendra les principaux exercices théoriques de la seconde année en les appliquant à la confection d'objets divers tels que : boîte à clous, à compartiments; boîtes diverses assemblées à queues d'hironde; support applique à potence, cadres à rainures et divers; liseur, pupitre; socle à moulures, à fût droit ou oblique; tabouret à pieds obliques; auge à parois obliques; petite table avec tiroir assemblé à queue d'hironde.

SECTION INDUSTRIELLE

Menuiserie. — Revision et application du programme de 2° année, comme pour la section normale; on ajoutera quelques exercices d'assemblages appliqués à la charpente.

Dans le dernier trimestre on terminera par un exercice synthétique dont le plan ou projet aura été dressé par les élèves sous la direction du professeur; exemple : confection d'un petit meuble, genre armoire, la porte à panneaux et à moulures, les pieds tournés ou moulurés, le socle avec tiroir assemblé à queue d'hironde, et le fronton orné d'un motif de sculpture.

Sculpture sur bois. — Continuation des exercices d'après les sujets exécutés en modelage. Application des premières notions de mise au point. Les élèves qui montreront des dispositions particulières pour ce genre de travail pourront être autorisés à remplacer une partie des exercices d'assemblage par des exercices de sculpture d'après modèle ou d'après un dessin d'invention.

Coupe de pierre. — Pour les élèves se destinant à l'industrie du bâtiment (voir l'observation en 2° année).

Intersection des principaux solides géométriques à surfaces développables; exécution en plâtre, puis en carton-carte ou en papier fort et développement des surfaces.

Réalisation, au moyen de solides capables, taillés dans des saumons de plâtre, des épures les plus faciles et d'après un dessin en grandeur d'exécution ; porte plein-cintre, à anse de panier, à arc surbaissé, surhaussé ou rampant, porte droite ou porte biaise en talus. (Le même élève exécutera une pièce ou deux seulement de chaque épure.)

Tour à bois. — Revision; applications à la confection, d'après profils cotés, d'objets tels que balustres, quilles, gland, vases Médicis.

SECTION COMMERCIALE
Comme en 2ᵉ année.

SECTION AGRICOLE

Revision des exercices de 2ᵉ année et applications utiles telles que : treillages en bois pour arbres à palisser, injection et peinture de ces treillages; châssis simples (à traverses sans croisillons), vitrage de ces châssis; brouette, etc. L'exécution d'un même objet se fait par plusieurs élèves entre lesquels on répartit le travail.

Atelier du fer.

SECTION NORMALE

Revision des exercices théoriques de lime, burin, bédane, dressage des pièces, vérification au marbre; applications à la confection d'objets divers ou d'outils, tels que : prisme à chanfreins, biseaux, etc., et formant, par exemple, presse-papier, écrou à six pans; compas ordinaire de menuisier ou autre.

Étude théorique et emploi des outils spéciaux ou machines dont l'atelier sera pourvu : machine à percer, tour à métaux, moteur à vapeur ou à gaz, etc.

SECTION INDUSTRIELLE

Ajustage. — Extension du programme de la section normale. Les exercices complémentaires ne peuvent être indiqués par espèces; ils varieront suivant la nature de l'outillage et la destination des élèves; on n'oubliera pas qu'au point de vue purement pratique, l'important pour les jeunes gens de cette section c'est de savoir *limer plan.*

Forge. — Revision et compléments des exercices de 2ᵉ année. Souder le fer au fer, le fer à l'acier. Applications : confection de quelques outils tels que : burin, bédane, crochet pour tour à métaux, pinces pour la forge.

SECTION AGRICOLE (*bois et fer*)

Revision des exercices de 2ᵉ année et applications utiles telles que : treillages en bois pour arbres à palisser; injection et peinture de ces treillages; châssis simples (à traverses sans croisillons), vitrage de ces châssis; brouette et sa ferrure; crochets, chaînons, etc. L'exécution d'un même objet pourra être confiée à plusieurs élèves.

SECTION COMMERCIALE
Comme en 2ᵉ année.

A propos de la section agricole, il est bon de rappeler ici que le programme de 1893 prévoit parmi les Travaux d'intérieur [1] les exercices suivants qui sont des travaux d'atelier.

Étude des instruments agricoles. — Démontage et remontage. — Graissage. — Remplacement des pièces.

Ruches d'abeilles. — Divers types de ruches. — Fabrication de ruches de différentes sortes et particulièrement de ruches à cadres mobiles.

Matériel du jardinage. — Fabrication de paillassons. — Treillages. — Échalas. — Bêches. — Râteaux. — Manches d'outils.

---

1. Voir 1ʳᵉ Partie (L'Enseignement agricole), pages 174 et 175, le programme officiel des travaux agricoles.

CARNET
(Deux pages)

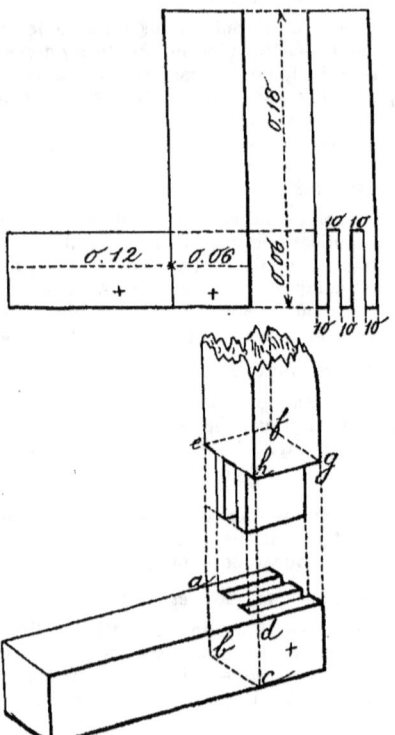

Notes et observations du professeur :

Indiquer par des flèches à quelles lignes correspondent les cotes :
Quelle est la ligne qui a 0^m,18 ?
Dans les cotes, on ne met pas de virgule, l'unité est le centimètre ou le millimètre, et on écrit 18 ou 180 et non 0,18.
Éviter les exagérations, même dans les figures schématiques A et C.

Croquis ..	....
Tracé	....
Exécution.	....
Moyenne.	....

D'ATELIER
en regard.)

Assemblage à enfourchement

COMPRENANT : *tenons, enfourchements et flottages.*

Matière d'œuvre : Doublette de hêtre refendue en cinq (450 × 54 × 64).
Outillage : Affûtage, scie à tenons, scie à araser, bédane de 10.

Exécution. — 1° Corroyer les pièces de bois très exactement : 1° d'épaisseur ; 2° d'équerre ; 3° de large, suivant les cotes.

2° Tracer l'arasement des enfourchements $abcd$, et des tenons $efgh$, avec le crayon, au pourtour de la pièce de bois, après avoir indiqué le parement d'un signe (une croix).

3° Diviser la largeur du bois — ad — bc — eh et fg — en cinq parties égales ; ajuster le trusquin sur les points de division, et tracer, de l'arasement à l'extrémité la plus proche, les quatre parallèles limitant les tenons et les enfourchements.

4° Exécuter les tenons et enfourchements avec la scie à tenons, en ayant soin de tenir l'épaisseur de la scie dans l'épaisseur du bois qui doit être enlevé.

5° Araser les tenons avec la scie à araser en *dégraissant* légèrement les arasements. (A. arasement gras ; B, arasement droit ; C, arasement dégraissé.)

6° Faire sauter les enfourchements avec le bédane, en n'enlevant que la moitié de la largeur du bois ; et, afin d'éviter les éclats à la surface, retourner la pièce pour faire partir le reste.

Usage. — On emploie les tenons dans tous les assemblages ordinaires.

L'enfourchement simple ou double s'applique dans les parties dormantes scellées dans les plâtres.

On nomme flottage toute partie de bois mince ménagée dans l'assemblage de deux pièces d'épaisseur inégale ; la différence des deux épaisseurs détermine celle du flottage.

Temps employé : *Date :*

Nom

ÉCOLES NORMALES
(Voir Partie générale, page 33.)

Pliage et cartonnage.

Chaque élève-maître devra se constituer un album ou une série de cahiers renfermant les exercices de pliage et de cartonnage qu'il a réalisés, ainsi que les dessins et les observations très détaillées qu'il a faites à propos de chacun de ces exercices. Cet album contiendra ainsi, toutes préparées, les leçons qu'il aura à faire dans sa classe et qu'il lui suffira de mettre au point pour ses élèves.

Travaux d'atelier.

Les premiers exercices d'atelier seront, conformément au programme officiel [1], ceux qui ont été indiqués précédemment pour le cours supérieur de l'école élémentaire.

Carnet d'atelier.

La tenue du carnet est obligatoire et on ne saurait trop y insister : tout exercice de travail manuel doit être précédé ou suivi d'un croquis coté ou d'un dessin à l'échelle.

Les croquis faits à main levée, et soignés, doivent renfermer toutes les cotes nécessaires à un bon ouvrier pour exécuter l'objet sans l'avoir sous les yeux. La mise au net à l'échelle indique l'insuffisance des cotes, ou l'inutilité de quelques-unes d'entre elles : dans le premier cas, la construction géométrique n'est pas possible ; dans le second, telle ou telle cote n'est pas utilisée.

Dans certain cas, une figure schématique ou une vue perspective facilite l'explication pour quelques points de détail.

Le carnet doit être l'objet d'une correction comme tout autre devoir écrit ; il doit donc porter la note et les observations du maître. On trouvera, pages 126 et 127, un spécimen de deux pages en regard, prises dans un carnet bien tenu.

Atelier du bois.

En seconde et en troisième année, les exercices de menuiserie seront pris à la fois dans les deux méthodes [1] dites l'une des éléments techniques, l'autre des objets utiles.

Voici une collection d'assemblages qui ne pourra être réalisée entièrement par un même élève, mais de laquelle il sera sage de ne point sortir ; l'exécution de chacun de ces exercices demande une grande attention et beaucoup de précision : toute faute dans le tracé ou dans l'emploi des outils se reconnaît quand le travail est achevé.

---

1. Voir, page 163, l'arrêté du 3 janvier 1891.

ASSEMBLAGES PRINCIPAUX

Assemblage oblique à 60° à tenon et mortaise avec épaulement (*fig.* 131). La figure 132 donne une vue perspective de la mortaise et de l'épaulement. Cet assemblage est surtout usité en charpente.

Assemblage d'onglet[1] **à travers champ à un parement** [*fig.*133] (le parement, face parée), dans une pièce, est le côté qui doit être vu ; certains travaux de menuiserie, les boiseries, par exemple, n'ont qu'un parement.

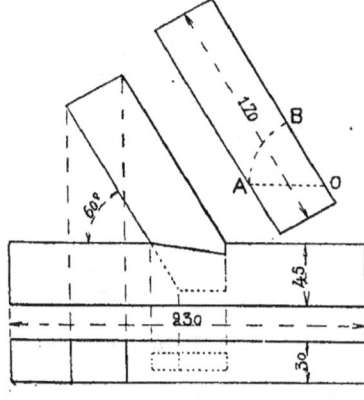

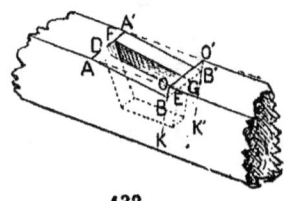

131.   132.
Assemblage à 60° avec épaulement.

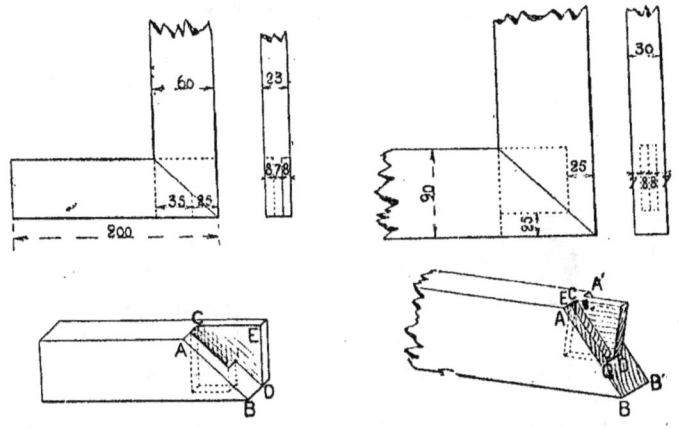

133.   134.
Assemblages d'onglet.

---

1. Un assemblage *d'onglet* est celui dans lequel les deux pièces sont coupées selon un angle aigu, généralement de 45°. Il est surtout usité dans la fabrication des cadres.

Assemblage d'onglet à travers champ à deux parements, chaque pièce portant un tenon et une mortaise (*fig.* 134).

(Cet assemblage a deux parements, c'est-à-dire qu'il peut être vu de deux côtés. Exemple : le niveau de maçon, les ouvrages battants).

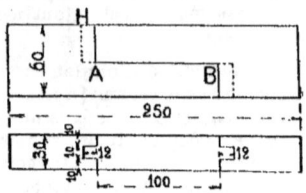

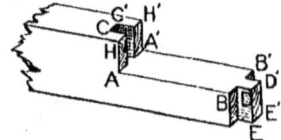

135. Enture simple.

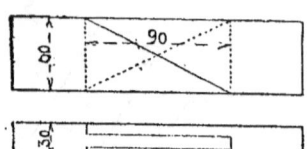

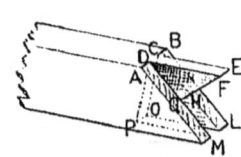

136. Enture à sifflet.

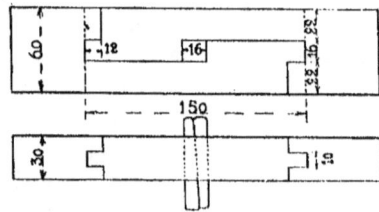

Enture simple avec languette d'embrèvement sur champ (*fig.* 135).

L'enture qui, à proprement parler, n'est pas un assemblage, mais une coupe, est destinée à réunir deux pièces bout à bout, les assemblages à trait de Jupiter sont des entures.

Enture à sifflet avec enfourchement (*fig.* 136).

L'enture pourrait être simple, c'est-à-dire que les deux pièces taillées en sifflet seraient simplement juxtaposées ; l'enfourchement donne de la solidité à cet assemblage.

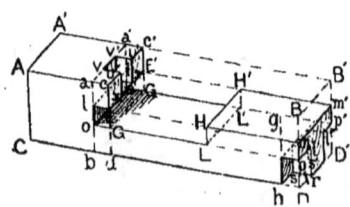

137. Trait de Jupiter droit.

Assemblage à trait de Jupiter[1] **droit** avec languette d'embrèvement sur champ (*fig.* 137).

Cet assemblage et le suivant sont surtout utilisés par les charpentiers ; le serrage des deux pièces est assuré au moyen de deux clefs taillées en coins.

---

1. Cet assemblage est ainsi appelé parce que, vu de profil (*fig.* 138), la ligne de séparation de deux pièces ressemble à la ligne brisée qui représente conventionnellement un éclair (voir l'ornement du col des télégraphistes, les serres de l'aigle dans les monnaies impériales). C'était l'emblème classique du chef des dieux.

ÉCOLES NORMALES.

Assemblage à trait de Jupiter oblique avec languette d'embrèvement sur champ (*fig.* 138).

La languette d'embrèvement n'est pas indispensable, elle donne cependant plus de solidité à l'assemblage.

Croix de Saint-André à 60° à mi-bois avec épaulement (*fig.* 139).

Cet assemblage est surtout destiné à soutenir un cadre; on l'utilise dans une porte à claire-voie par exemple.

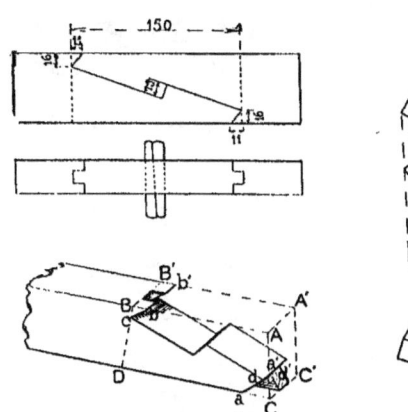

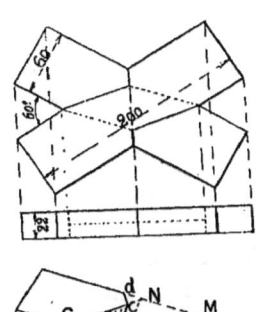

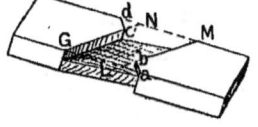

138 Trait de Jupiter.   139. Croix de Saint-André.

Tour à bois.

1re année. — Exercices simples destinés à apprendre le maniement des divers outils : cylindres, gorges, moulures droites et cintrées, etc.; manches d'outils.

2e et 3e année. — Exercices d'application, quilles, balustres, etc.

Exercices de tour en l'air, vases, coupes, etc.

Les figures 140 à 143, extraites comme les précédentes du livre de MM. Daujat et Dumont, donnent le croquis coté de quelques-uns de ces exercices.

Le tour à métaux introduit dans chaque école normale n'a pas été jugé nécessaire par les règlements nouveaux (v. page 151); il rend de réels ser-

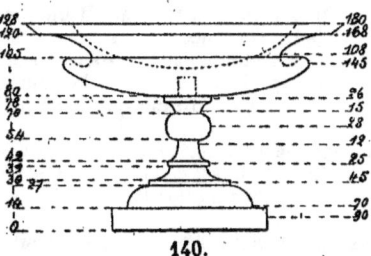

140.

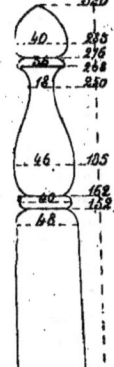

141. Quille.

vices dans les écoles professionnelles et il est indispensable dans les écoles pratiques.

Les ateliers scolaires parisiens étaient autrefois pourvus de trois ou quatre tours à bois chacun; pour les raisons indiquées au chapitre II (v. page 28), ils ont été supprimés; on aurait pu les conserver dans les écoles à cours complémentaire.

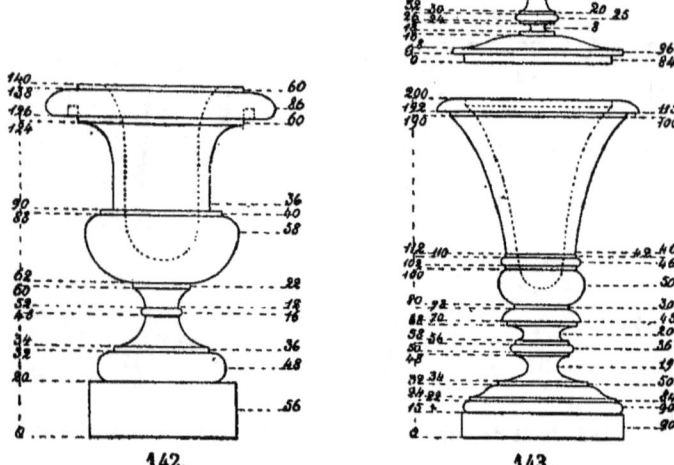

142.   143.

L'avantage principal que présente l'emploi du tour, c'est de permettre l'exécution des surfaces de révolution; on peut retrouver cet avantage dans le genre d'exercices suivant.

Tournette à argile.

Décrire le tour à potier et en donner une idée en fixant un disque par un clou (pointe de Paris) sur un socle en bois. De deux choses l'une : le clou ou pointe peut tourner avec le disque si on a pratiqué dans le socle, au moyen d'une mèche, un trou de diamètre un peu supérieur à celui de la pointe; ou bien celle-ci faisant corps avec le socle traverse le disque qui peut tourner autour d'elle; le premier cas est préférable.

A l'école normale d'Auteuil, le tournage de l'argile, exécuté sur les selles de modelage, ou autrement, donne des résultats intéressants; il est attrayant pour l'élève, qui trouve là un procédé mécanique permettant d'exécuter des formes artistiques.

Étant donné un disque tournant, comme il vient d'être dit, on peut faire d'abord, au moyen des doigts, une sorte d'épannelage de la forme à réaliser. On l'achève au moyen d'un gabarit taillé dans du carton ferme, de la tôle mince ou d'une planchette de quelques millimètres d'épaisseur (boîtes à cigares).

Pour ce genre d'exercices, il sera bon d'emprunter les modèles aux nombreuses formes antiques qui répondaient à la double condition de *l'utile* et de *l'agréable*. Voici quelques exemples :

La figure 144 représente un vase Pompéi (*olpé*), la figure 145 un pot étrus-

144. Vase Pompéi.

145. Vase étrusque.

que (amphore), servant tous deux à verser des liquides, à recueillir de l'eau. L'amphore grecque (*fig.* 146) et les deux coupes ou vases à boire en se ser-

146. Amphore grecque.

147.
Coupes grecques.

148.

vant des deux mains (*fig.* 147 et 148) sont remarquables par la pureté de la forme, l'harmonie des lignes. Il en est de même de l'œnochoé grecque, vase

149. Œnochoé grecque.

150. Rhyton.

destiné à verser le vin dans les coupes (*fig.* 149). Le rhyton (*fig.* 150) percé d'un orifice laissant couler un mince filet de liquide (pour boire à la régalade), est d'une exécution un peu plus compliquée que les formes précédentes.

Modelage.

Les exercices précédents se rattachent au moins autant au modelage qu'au tournage.

Le modelage proprement dit devra comprendre, à l'école normale, tout le programme indiqué pour les écoles primaires élémentaires et supérieures. (Voir chapitre III, page 38.)

Travaux de fer.

Il sera bon d'exercer les élèves-maîtres au travail du fil de fer demi-cylindrique et de la tôle repoussée (indiqué au programme des écoles élémentaires). C'est dans le courant de la 2º année seulement et en 3º année qu'on abordera les exercices d'ajustage proprement dits. Un moyen excellent pour donner de l'intérêt à ce genre de travail, c'est de faire confectionner des objets utiles : une règle biseautée, une équerre droite, à six pans, à huit pans, une équerre d'onglets, une sauterelle, un presse-papier, un compas, un écrou, etc., comme on l'a indiqué pour les cours précédents.

Note relative aux travaux de brochage.

Comme complément à ce qui a été dit page 37, voici des indications pratiques sur le travail de cousage, brochage et cartonnage d'un volume.

1º *Cousage.* — Dans la plupart des écoles normales, les élèves construisent à l'atelier un cousoir fait simplement d'une planchette (environ 40 × 25) surmontée d'une sorte de portique servant à tendre les ficelles. En général, les dimensions données à ce rudiment d'appareil sont exagérées ; il suffit le plus souvent qu'on puisse y placer un format papier écolier ; les vis et les écrous sont inutiles ; un piton de rideau suffit pour tendre chaque ficelle.

2º *Rognage.* — La presse de relieur est inutile pour les travaux scolaires. Ainsi qu'on l'a dit précédemment (voir page 37), le rognage peut s'effectuer à l'établi de menuiserie. Le moyen le plus simple est le suivant :

Sur la table de l'établi, au droit de la presse, fixer une planche bien dressée (*fig.* 152) portant une glissière de bois *d*. Sur le champ de la planche et d'équerre avec elle, visser une autre planchette *e* formant rebord.

Sur la glissière *d* s'adapte l'un des deux montants du fût ; en *e* se trouve le fer à rogner, sorte de tranchet très court encastré dans le premier montant et le dépassant d'une quantité variable ; il est maintenu au moyen d'une vis et d'un écrou à oreilles (*fig.* 151). Le livre *l* étant serré dans la presse entre deux planchettes *e* et *f* (*fig.* 152), on fait mouvoir le fût en le poussant sur la glissière parallèlement au bord de l'établi ; les feuillets sont ainsi coupés d'une façon régulière.

Cet appareil lui-même n'est pas indispensable ; le procédé suivant donne de bons résultats : presser le livre à rogner entre deux planchettes dans la presse de l'établi. La planchette placée en *f* est épaisse d'au moins 4 centimètres. Le champ qui affleure le mors de la presse est bien dressé et présente une surface sur laquelle on appuiera la table d'un ciseau ou mieux d'un fer de rabot. En ayant soin de maintenir constamment l'outil sur cette assise, on peut obtenir un rognage aussi net qu'à la presse à rogner.

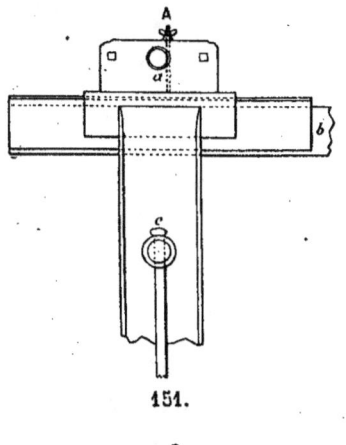

151.

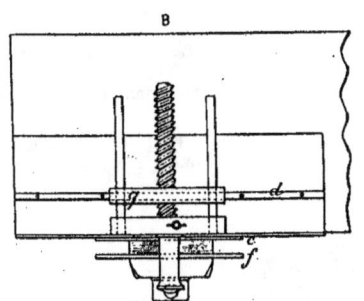

152.

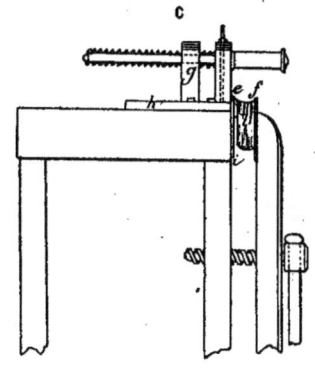

153.

FÛT A ROGNER
disposé sur un établi.

A. **Élévation** : *a* fût à rogner, *b* établi, *c* presse.
B. **Plan** : *d* glissière fixée sur une planche posée à plat sur l'établi et vissée à une seconde planche *e*. Le livre est pressé entre *e* et *f*.
C. **Profil** : *g* plateau fixe du fût, *h* planche posée à plat vissée à *e*.

(*École normale de Chaumont.*)

TRAVAUX D'ÉLÈVES-MAITRES. — Le travail manuel n'a pour sanction, à l'école normale, que la note donnée dans les examens pour le passage en 2e et en 3e année. Cela suffit généralement pour qu'il ne soit pas négligé; les élèves-maitres se récréent, en quelque sorte, aux ateliers, si le professeur a le goût de cet enseignement.

En 3e année, l'enseignement manuel n'a aucune sanction : il est bon de choisir les exercices parmi ceux qui intéressent l'élève par leur caractère d'utilité : dans telle école, on confectionne un fût à rogner comme celui indiqué ci-dessus; dans telle autre, c'est un châssis pour épreuves photographiques positives, une sonnette électrique, etc., que l'élève-maitre emporte; ailleurs, et plus souvent, c'est une boîte renfermant un matériel scientifique rudimentaire, renfermé dans une petite caisse construite à l'atelier, préparé au laboratoire et qui suffira pour les expériences fondamentales.

On trouvera ci-après (*fig.* 154) le modèle du nécessaire expérimental que M. Collot, professeur à l'école normale d'Arras, fait construire aux élèves de 3e année.

TRAVAUX D'ÉLÈVES-MAITRES

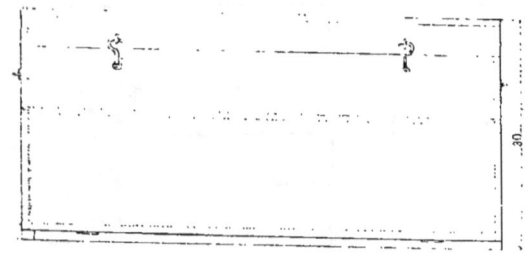
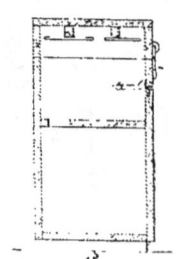

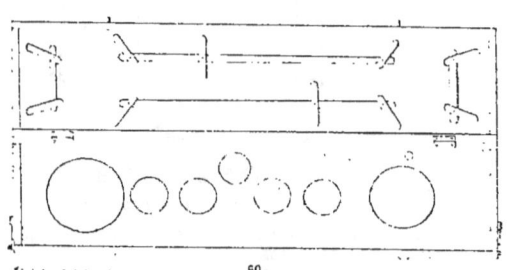

BOITE

d'expériences

pour les

Écoles primaires.

La nomenclature du matériel le plus utile a été indiquée dans le premier volume, page 98.

154.   *École normale d'Arras.*

Paris. — Imp. LAROUSSE, rue Montparnasse, 17.

LIBRAIRIE LAROUSSE, rue Montparnasse, 17, PARIS.

RÉNÉ LEBLANC
INSPECTEUR GÉNÉRAL DE L'INSTRUCTION PUBLIQUE POUR L'ENSEIGNEMENT MANUEL ET EXPÉRIMENTAL

L'Enseignement Professionnel
Au degré primaire

I. L'ENSEIGNEMENT
AGRICOLE

Un volume in-8°, illustré de 60 gravures et de 4 planches en couleurs. Broché. . . . . **2 fr. 50**

Extrait de l'**Enseignement agricole** : Expériences scientifiques et agricoles pour l'École primaire. (Commentaire illustré des programmes officiels.) . . . . **45 c.**

II. L'ENSEIGNEMENT
MANUEL

Un volume in-8°, illustré de 150 gravures et de 12 planches, dont 4 en couleurs. Broché. . . . . **2 fr. 50**

Extrait de l'**Enseignement manuel**. — Commentaire des programmes officiels ; indication des exercices à faire dans les écoles élémentaires, supérieures, normales ou dans les cours d'adultes, veillées instructives, etc. 150 gravures. . . **45 c.**

Envoi franco au reçu d'un mandat-poste.

www.ingramcontent.com/pod-product-compliance
Lightning Source LLC
LaVergne TN
LVHW021004090426
835512LV00009B/2057